Peter Zellermayer

# Ihr persönlicher Bewusst-Seins-Check

## Das IROS-Bewusst-Seins-Konzept für Ihr persönliches „TÜV-Pickerl“

Edition Garamond

5 4 3 2 1 99 00 01

Edition Garamond
A-1130 Wien, Elßlergasse 17
Graphische Gestaltung und Layout:
Brigitta Fritz,
1050 Wien, Schönbrunner Straße 46
Digital bearbeitete Originalgraphiken

Druck: Astoria Druck- und Verlagsanstalt
Gesellschaft m.b.H., 1230 Wien
ISBN 3-85306-004-8

## Inhaltsverzeichnis

## Was nützt es Ihnen, bewusster zu leben?

Bewußter zu leben kann konkret bedeuten:

- sich kräftiger und energiegeladener zu fühlen,
- Liebe, Freude, Trauer, Wut intensiver zu spüren,
- Gefühle angemessener auszuleben; d. h., weder sich noch andere Menschen dabei zu schädigen,
- weniger Krankheit oder Unfälle erleben zu müssen,
- seine Beziehung befriedigender zu gestalten oder sich von seinem Partner zu trennen,
- einen beruflichen Aus-, Ein- oder Umstieg,
- mehr oder weniger Geld auszugeben,
- erfolgreich sein oder erkennen, daß man einem Luftschloß nachgejagt war,
- …

Wie auch immer – es bedeutet, intensiver, aufmerksamer, wacher, klarer zu leben. Mit meinem Buch „Ihr persönlicher Bewußt-Seins-Check" lade ich Sie ein, Ihren aktuellen Bewußtseinsstand in verschiedenen Persönlichkeitsbereichen wohlwollend-kritisch zu überprüfen.

## Wer „hat recht" – Sie oder ich?

Sie finden in diesem Buch Gedanken, Ideen, Ansichten rund um das Thema „Persönlichkeit, persönliche Entwicklung". Einige werden Ihre Meinungen bestätigen. Einige werden Ihren Ansichten widersprechen.

Wenn Sie an bestimmten Stellen anderer Meinung sind:
Ich schlage Ihnen vor – statt sich die Frage zu stellen: „Wer hat recht: er oder ich?" – das Leben wie eine Skulptur zu sehen. Wir betrachten sie gemeinsam, jedoch hat jeder einen anderen Standpunkt und damit einen anderen Blickwinkel – wir sehen etwas anderes, obwohl wir dasselbe betrachten!

Ich lade Sie ein, sich selbst aus einem neuen Blickwinkel zu betrachten. Sie gewinnen dadurch Ein-Sichten und Erfahrungen, die Sie bereichern.

*Danke*

Ich bedanke mich bei den rund dreißig interessierten LaInnen*) sowie PsychologInnen*) und TherapeutInnen*), die sich mit meinen Entwürfen und Konzepten auseinandergesetzt und mich mit ihren Kommentaren und Anregungen unterstützt haben. Besonders bedanke mich bei Frau Fritz und Herrn Peterson, die mich sehr geduldig während des Buchentstehungsprozesses begleitet haben.

Peter Zellermayer

*) Anmerkung: Im Text habe ich diese Formulierungsvariante nicht verwendet – nicht aus Unhöflichkeit, sondern aus Gründen der Lesbarkeit.

Wieso widmen wir uns selbst nicht soviel Aufmerksamkeit wie anderen Bereichen oder Dingen, z. B. unserem Auto?

- Einhundert Prozent der Autobesitzer lassen ihr Auto einmal jährlich überprüfen. Sie könnten ja durch ein Auto, das nicht verkehrssicher ist, sich selbst bzw. andere gefährden. Daher schreibt es der Gesetzgeber so vor. Außerdem lassen die meisten Autofahrer (zumindest bei neueren Autos) regelmäßig ein Service durchführen.
- Ca. dreißig Prozent der Bevölkerung (laut Gesundheitsbericht und eigenen Berechnungen) nützen die Möglichkeit zu einer regelmäßigen, kostenlosen Gesundenuntersuchung. Je später eine Krankheit erkannt wird, umso schmerzhafter und teurer ist die Heilung. Daher bietet der Staat die Vorsorgeuntersuchung an.
- Ca. ein Prozent der Bevölkerung (laut Gesundheitsbericht und eigenen Berechnungen) nimmt auf dem Sektor der Persönlichkeitsentwicklung professionelle Hilfe in Anspruch. Für das Entwickeln der eigenen Persönlichkeit ist keinerlei präventive Unterstützung vorgesehen. Es darf nach Herzenslust gelitten, verletzt, geprügelt, erniedrigt, angegriffen … werden. Der Staat beschränkt sich auf das Tragen der Folgekosten bzw. auf das Setzen von Strafsanktionen für bestimmte Verhaltensweisen.

*Wo beugen wir vor?*

*Auto: 100 %*

*Gesundheit: 30 %*

*Persönlichkeit: 1 %*

Ich gehe davon aus, daß wir durch ein regelmäßiges Nachdenken und wohlwollend-kritisches Überprüfen unserer Persönlichkeit für uns genau denselben Nutzen wie in anderen Bereichen ziehen können: weniger Schwierigkeiten, mehr Spaß und Zu-frieden-Sein.

Letztlich geht es dabei um die Frage „Wieviel Aufmerksamkeit bin ich mir selbst wert?“

Wenn wir uns zu dieser Bewußtseins-Überprüfung entschließen, werden wir damit auch den Antworten auf die beiden folgenden Fragen auf die Spur kommen:

## WIESO WENDEN WIR UNSER WISSEN NICHT AN?

***Wie gelingt es mir, das, was ich ohnehin weiß – und „eigentlich" auch tun will –, zu tun?***

Es ist ja nicht so, daß wir zuwenig wissen. Wer weiß nicht, daß er mit dem Rauchen aufhören, sich täglich angemessen bewegen und ernähren sowie seinem Partner gelegentlich eine kleine Aufmerksamkeit erweisen sollte?

Offensichtlich besteht eine Differenz zwischen unserem Wissen und unserem Tun. Mehr Wissen darüber zu sammeln, was wir tun sollten, führt häufig zu keiner Verhaltensänderung – bloß zum Stärker-Werden unseres schlechten Gewissens.

***Wir lassen es uns ja nicht absichtlich schlecht gehen, wir handeln wohl nur in den seltensten Fällen bewußt unangemessen.***

## WIESO BRINGEN WIR UNS IN SCHWIERIGKEITEN – EIGENTLICH OHNE DIES ZU WOLLEN?

Ich bin noch nie gut gelaunt aufgewacht, um mir beim Frühstückskaffee zu überlegen, ob ich heute ein bißchen depressiv werden oder eher meine Partnerin kränken will, ob ich einen Heuschnupfenanfall bekommen oder auf der Fahrt ins Büro einen Verkehrsunfall verursachen will.

Wenn es stimmt, daß wir uns nicht bewußt dafür entscheiden, uns und unseren Mitmenschen Schmerzen und Leid zuzufügen, stellt sich die Frage, wieso wir es trotzdem tun.

## DER VERGLEICH MIT DEM AUTO-TÜV-PICKERL

Wenn ich schon einen Vergleich zwischen Mensch und Auto in den Raum stelle, will ich ihn nun relativieren: Wo hinkt der Vergleich mit der Auto-Überprüfung, wo paßt er?

*Wo hinkt der Vergleich?*

- ❐ Das Persönlichkeits-„Pickerl" wird Ihnen von niemandem vorgeschrieben – Sie entscheiden selbst ob, wann und wo.
- ❐ Der Persönlichkeits-„TÜV" wird Ihnen nicht von jemand anderem erteilt – Sie stellen ihn sich selbst aus.
- ❐ Im Gegensatz zum Auto ist es beim Bewußtsein nicht die Frage des Ja oder Nein sondern des Mehr oder Weniger.

*Wo paßt er?*

- Die Regelmäßigkeit: Es wird regelmäßig überprüft.
- Der Sicherheitsgedanke: Sich und andere schützen.
- Die Früherkennung bzw. Vorbeugung: Je früher erkannt wird, daß etwas nicht stimmt, umso leichter, schneller und billiger ist das Korrigieren.

Wenn Sie dieses Buch in Ihren Händen halten, gehören Sie ohnehin zu dem kleinen Kreis der Personen, dem bewußt ist, daß man sich auch im Bereich der Persönlichkeit bewußt weiterentwickeln, dazulernen kann. In dieser Ansicht will ich Sie bestätigen und Ihnen mit meinen Anregungen einige Hilfestellungen bieten. Sie werden mit mehr Kraft, Freude, Energie belohnt und erleben weniger Schwierigkeiten, wenn Sie regelmäßig aus dem Alltagstrott heraustreten und sich verschiedene Aspekte Ihrer Persönlichkeit wohlwollend-kritisch bewußt machen.

Der folgende Überblick ist gewissermaßen eine Landkarte des Buches zu Ihrer ersten Orientierung:

## TEIL 1: DIE GRUNDLAGEN

### *1. Das IROS-Persönlichkeitsmodell®*

„Was" ist der Mensch? „Wie funktioniert" er? – Modelle können dabei helfen, Gedanken zu ordnen, zu strukturieren. Vieles läßt sich dadurch besser verstehen und begreifen. Daher habe ich ein Modell entwickelt, das ich IROS-Persönlichkeitsmodell® nenne. Es ist der Ausgangspunkt der Reise in die unbekannteren Bereiche unserer Persönlichkeit.

### *2. Die Prägung: Wie unsere Individualität entstanden ist*

Wir sind einzigartige Persönlichkeiten. Wie hat sich diese unverwechselbare Individualität entwickelt? Ich gehe davon aus, daß wir in unseren ersten Lebensjahren geprägt wurden, und stelle Ihnen daher das Konzept „Prägung" vor. Wie es wirkt und wie sehr es uns hilft, wenn wir Aspekte unseres Geprägt-Seins – gewissermaßen das Gerippe, das Rückgrat unserer Persönlichkeit – genauer kennenlernen.

### *3. Das (Un-)Bewußt-Sein: Wie wenig wir eigentlich über uns Bescheid wissen*

Vieles scheint „uns zu passieren", scheint von Zufall, Schicksal oder Bestimmung abzuhängen. Bei näherer Betrachtung stellt sich heraus, daß das nur Pseudoerklärungen sind. Vielmehr hatte i. d. R. unser Unbewußtes die Hand im Spiel. Meine zentrale Absicht ist es, durch den Bewußt-Seins-Check unser Wahrnehmen versteckter Persönlichkeitsaspekte zu schärfen.

## TEIL 2: DIE PERSÖNLICHKEITS-„TÜV-PICKERL"-BEREICHE

Ich stelle alle fünf Aspekte, die meiner Ansicht nach „Persönlichkeit" ausmachen, gleichberechtigt nebeneinander und beleuchte die wichtigsten Wechselwirkungen zwischen den einzelnen Elementen: Körper, Gefühle, Gedanken, Beziehungen und Gesellschaft.

### *1. Unser Körper*

Von der Sichtweise, unseren Körper zu begreifen, der Frage, welchen Sinn Krankheiten haben, bis zu unserem Atmen reicht der Bogen dieses Abschnitts. Sie werden die verschiedenen Aspekte Ihres körperlichen Seins bewußter sehen und begreifen. Damit werden Sie weniger bzw. kürzer krank und erleben sich körperlich sowohl kraftvoller als auch entspannter.

### *2. Unsere Gefühle*

In diesem Kapitel stelle ich Ihnen meine Sicht unserer Gefühlswelt vor: wie bedeutend das bewußte Fühlen ist, welche Logik unsere Gefühle haben und wie wichtig es ist, sie angemessen und verantwortungsvoll auszudrücken. Damit werden Ihnen weniger Affekthandlungen „passieren" und Sie werden sich ein großes Energiepotential erschließen.

### *3. Unsere Gedanken*

Wir denken. „No na". Aber zu selten machen wir uns bewußt, wie wir gedanklich unser Leben in Bahnen lenken, in denen wir unzufrieden sind. Anhand der Beispiele in diesem Kapitel lassen sich wichtige Mechanismen unserer Informationsaufnahme und -verarbeitung erkennen, die noch wenig bekannt sind, denen wir zu wenig Rechnung tragen.

Damit werden Sie zahlreiche selbstfabrizierte „Sach"-Zwänge und Ketten abstreifen. Außerdem beugen Sie darüber hinaus größeren und kleineren Unfällen vor.

### *4. Unsere Beziehungen*

Zimmern Sie mit Ihrem Partner gerne an „Beziehungskisten", wie die Schwierigkeiten unseres Miteinander neudeutsch genannt werden? Ich beleuchte zunächst die interessante Frage, wieso wir uns gerade diesen Menschen als unseren Partner ausgesucht haben. Daran schließen einige Anregungen zum bewußteren Kommunizieren. Damit können Sie Ihre Beziehungen befriedigender gestalten.

### *5. Unsere Gesellschaft*

Was hat „die Gesellschaft" mit mir zu tun? Wir sind gesellschaftliche Wesen, wir sind in eine bestimmte historische Gesellschaft geboren worden. Daher gehe ich den Fragen nach, wie die Gesellschaft uns beeinflußt und in welche Richtung wir ihre Entwicklung lenken könnten. Es wird sich zeigen, daß diese oft vernachlässigte Ebene höchst wichtige und konkrete Auswirkung auf unser körperliches Sein, Denken, Fühlen und unsere Beziehungen hat.

## *Zehn + 1 Frage*

Unter diesem Aufhänger finden Sie im Anschluß an jedes Kapitel Zehn + 1 Frage.

Ich gehe davon aus, daß Sie als interessierter Leser, das Gelesene ohnehin für sich nutzen und anwenden wollen. Daher schlage ich Ihnen vor, die zehn Fragen nicht als Prüfungsfragen zu verstehen. Sie wollen Sie nur dabei unterstützen, die vorangegangenen Ideen, Gedanken konkret auf

Ihre persönliche Situation, auf Ihre Erfahrungen umzulegen. Wenn Sie sich mit diesen Fragen auseinandersetzen, werden Sie einen größeren Nutzen von diesem Buch haben. Wenn Sie die Antworten schriftlich festhalten, können Sie nach einiger Zeit leichter überprüfen, wieweit sich Veränderungen zeigen bzw. wieweit die Antworten von Ihrer momentanen Stimmung beim Beantworten gefärbt waren.

Die eine, abschließende Frage ist die „TÜV-Pickerl-Frage". Sie lädt Sie zu einer zusammenfassenden Einschätzung ein, wieweit Sie sich auf der jeweiligen Ebene kennen, wieweit Sie sich in diesem Bereich Ihrer Persönlichkeit durchschauen.

*„Blitzlicht"*

Zwischendurch, in unregelmäßigen Abständen, lade ich Sie ein, sich die folgende Frage zu beantworten: Welcher Gedanke beschäftigt Sie gerade, welche Aussage klingt in Ihnen noch nach?

Viele Inhalte dieses Buches werden wie Wolken an Ihnen vorbeiziehen. Unbewußt werden Sie gerade diese Wolken besonders aufmerksam wahrnehmen, die in Ihrem momentanen Leben Regen oder Hagel bedeuten.

Die „Blitzlicht"-Frage wird Sie auf diese Weise dabei unterstützen, sich Ihre aktuellen Lebensaufgaben bewußter zu machen.

## ZUM SCHLUSS - EIN ANFANG?

Zum Schluß können Sie Ihre fünf einzelnen Selbstbeurteilungen zu einem Bild zusammenfassen – zu Ihrem Bewußtseins-„Pickerl", zu Ihrem Persönlichkeits-„TÜV". Sie haben damit eine zusammenfassende Selbsteinschätzung

Ihres momentanen Bewußtseinszustandes. Ich gehe davon aus, daß dieser ein Ausgangspunkt Ihres intensiver werdenden Auseinander- und Zusammensetzens mit Ihrer Persönlichkeit sein wird. Auf diesem spannenden und herausfordernden Weg wünsche ich Ihnen viel Geduld, Mut und Standfestigkeit.

Aller Anfang ist schwer. Wie lassen sich die vorher gelesenen Ideen leichter ausprobieren? Ich habe für Sie drei Anregungen, mit dem bewußteren Leben zu beginnen bzw. es fortzusetzen, an das Ende des Buches gestellt.

PS: Ich verwende immer wieder den „ - “, um die Bedeutung bestimmter Worte bzw. Wortteile zu unterstreichen.

# Teil 1

## Die Grundlagen

1. Das IROS-Persönlichkeitsmodell®
2. Die Prägung: Wie unsere Individualität entstanden ist
3. Das (Un-)Bewusst-Sein: Wie wenig wir eigentlich über uns Bescheid wissen

# 1. DAS IROS-PERSÖNLICHKEITSMODELL®

Wieso stelle ich ein „theoretisches" Modell an den Anfang eines Buches, das den Anspruch hat, Ihnen konkrete, praktische Hilfen zu bieten?

Es ist ähnlich wie mit einer Landkarte beim Wandern: Wenn Sie in einem für Sie unbekannten Gebiet wandern, werden Sie sich aller Wahrscheinlichkeit nach vorher eine Landkarte von diesem Gebiet besorgen, damit Sie auch wirklich das Ziel erreichen, das Sie erreichen wollen.

***„Was" ist der Mensch?***

Wenn wir unsere Schwierigkeiten lösen, aus ihnen lernen bzw. ihnen vorbeugen wollen, müssen wir von einem Plan, einem Modell ausgehen. Dieses ist das Fundament für die darauf aufbauenden Erklärungen und Schlußfolgerungen. Nur wenn die Fragen: „Was" ist der Mensch? und „Wie funktioniert" er? angemessen beantwortet sind, haben wir die Chance, darauf aufbauend hilfreiche und zielführende Aussagen abzuleiten.

***„Wie funktioniert" der Mensch?***

Wieso habe ich ein eigenes Modell entwickelt? Ursprünglich wollte ich auf ein bestehendes zurückgreifen und habe intensiv nach einem geeigneten gesucht – ohne fündig zu werden: „*Gegenwärtig finden wir ein Durcheinander von verschiedenen Persönlichkeitstheorien, die auf verschiedenen Methoden und Konstruktionen basieren. Es gibt wenig Übereinstimmung über die zu untersuchenden Daten und noch weniger über eine Definition. Es gibt mindestens 50 verschiedene Definitionen und wenigstens 15 unterschiedliche Ansätze.*"
(Lexikon der Psychologie, Sp. 1577)

Ich habe daher ein neues Persönlichkeitsmodell entwickelt – nicht um die babylonische Sprachverwirrung zu erhöhen –, sondern um klar zu stellen, was ich wieso meine, und es IROS-Persönlichkeitsmodell® genannt. Es ermöglicht uns, Zusammenhänge rund um unsere Persönlichkeit einfacher und klarer zu sehen bzw. zu begreifen.

Ich gehe davon aus, daß – vor dem Hintergrund unserer Bewußtseinsentwicklung – folgende Aspekte, die wechselseitig aufeinander bzw. zusammenwirken und sich im Zeitablauf verändern, zum Mensch-Sein gehören:

❐ die fünf Seins-Ebenen
  * körperliches Sein,
  * emotionales Sein,
  * gedankliches Sein,
  * das Auf-andere-Menschen-bezogen-Sein und
  * gesellschaftliches Sein,
❐ der Umstand, charakteristisch geprägt zu sein, und
❐ das Sich-seiner-bewußt-Sein – allerdings nur teilweise.

*Was meine ich mit diesen Schlagworten?*

❐ Das körperliche Sein

Wir haben ein Auto, eine Wohnung, eine Uhr. Wenn wir unseren Körper genauso als ein Ding ansehen, das wir besitzen, dann werden wir ihn auch so behandeln. Er ist jedoch ein untrennbarer Teil unserer Persönlichkeit. Wenn wir nur Fingerabdruck, Gesichtsform, Körperbau, Muskulatur oder Krankheiten betrachten, erkennen wir, daß zwar in Teilbereichen Ähnlichkeiten zu anderen Menschen bestehen, unser Körper insgesamt jedoch Ausdruck unserer einzigartigen Individualität ist.

***Haben wir einen Körper oder sind wir Körper?***

❐ Das emotionale Sein

„*Gefühle sind ein Grundphänomen des subjektiven, individuellen Erlebens, das jedem bekannt ist, sich unmittelbarer Erfassung jedoch entzieht. Die Vielfalt und Abstufung der Gefühle ist größer, als sprachlich auszudrücken ist.*“ (Brockhaus, S. 209)

Unsere Gefühlswelt wird viel besungen, oft beschrieben und ist doch ein Stiefkind unserer Zeit. Zahlreiche Schwierigkeiten, die wir tagtäglich erleben, wurzeln in unserem Umgang mit den Gefühlen.

Wenn wir uns diese Ebene näher ansehen, stehen sowohl das (Nicht-)Fühlen an sich, als auch das Ausdrücken des Gefühlten im Vordergrund.

❐ Das gedankliche Sein

Unser bewußtes Denken – zu lesen, zu schreiben, zu rechnen, zu lernen, etwas zu planen und zu wollen – bewegt sich im Rahmen bzw. in den Grenzen unserer meist unbewußten Konzepte bzw. der sogenannten „Glaubenssätze“: „Ich kann, kann nicht …“, „Man/Ich soll, soll nicht …“, „Das darf man/ich, das nicht …“, „In Beziehungen muß man, soll man nicht …“, „Über die eigenen Probleme spricht man nicht!“, „In Wirklichkeit ist …“ usw.

*Wo liegt der Unterschied zwischen „Glauben“ und „Wissen“?*

Diese Glaubenssätze befähigen uns zu vielen hervorragenden Leistungen – und sind immer wieder die Ursache dafür, daß wir uns selbst Schwierigkeiten zufügen.

❐ Das Auf-andere-Menschen-bezogen-Sein

Ohne ein „Du“ gibt es kein „Ich“. Beziehungen sind für uns existentiell notwendig, sind damit Teil unserer Persönlichkeit. Es hat den Anschein, daß wir mit anderen Menschen kommunizieren müssen, um unser Bewußtsein entwickeln und erhalten zu können. Diese Annahme wird in zunehmendem Maß durch Experimente untermauert, die beweisen, daß es uns nicht möglich ist, unsere geistige Stabilität auf längere Dauer nur durch Kommunikation mit uns selbst aufrechtzuerhalten.

*Wann hatten Sie den letzten Streit?*

Der Bogen spannt sich vom Wählen unseres Partners bis zum Gestalten unserer Beziehungen – ein breites Feld, auf dem es sich lohnt, klarer zu sehen, mehr zu begreifen.

❒ Das gesellschaftliche Sein

Ob Sie hier oder in Tibet, vor 100 oder 600 Jahren aufgewachsen wären – Sie wären jeweils ein anderer Mensch geworden. Die Gesellschaft legt den Rahmen unserer Existenz fest. In Mitteleuropa werden wir heute weder Ritter noch Reisbauern; gesellschaftliche Regeln bestimmen unser Sein in bestimmten Bandbreiten. Statt mit Schwertern duellieren wir uns mit scharfen Worten oder mit unseren Autos.

***„Die Gesellschaft" beeinflußt uns – und wir sie.***

Andererseits beeinflussen wir die Gesellschaft durch unser Verhalten, unsere Konsumgewohnheiten, durch unsere Art, Kinder zu erziehen, Partnerschaften zu führen, durch unser politisches Engagement oder Nicht-Engagement.

Ich halte das Betrachten dieses Aspekts unseres Seins deshalb für so bedeutend, weil die Erfahrung zeigt, daß häufig gesellschaftliche Spannungen auf der persönlichen Ebene erlebbar werden und individuelle Schwierigkeiten auf der gesellschaftlichen Ebene ausgetragen werden (wenn z. B. pubertierende Jugendliche oder spätpubertierende „Erwachsene" ihre nicht gelösten Konflikte mit den Eltern unangemessenerweise an Polizisten oder Schaufenstern ausagieren).

❒ Die charakteristische Prägung

Wir sind charakteristisch geprägt. Als „Prägung" werden die identitätsformenden Erfahrungen unserer frühesten Kindheit bezeichnet. Der Mensch entsteht nicht nach einer im vorhinein festgelegten „Werkzeichnung", die ihn bis ins kleinste Detail festlegt. Damit wäre die Gefahr groß, daß bei einer umweltbedingten Störung der ganze Plan scheitert. In den genetischen Informationen sind daher neben den Basisinformationen nur grundlegende Steueranweisungen enthalten. Durch dieses Prinzip paßt sich der Mensch optimal an die Umwelt an, in die er geboren wurde.

***Wir sind zwar geprägt – aber keine Münzen.***

Allerdings ist diese Anpassung ziemlich starr, wenn sie einmal etabliert ist. In diesem Umstand liegt eine wesentliche Ursache unserer Schwierigkeiten.

❐ Das Sich-seiner-bewußt-Sein

*Bewußt-loses Bewußtsein oder bewußte Bewußt-losigkeit?*

Unser Unbewußtes entspricht dem Teil des Eisberges, der unter der Wasserlinie liegt, der für uns unsichtbar ist. Träume, Freudsche Fehlleistungen, „unlogische" Gefühle und Handlungen zeigen, daß es sich einer anderen Sprache, einer anderen Logik bedient als unser rationales Bewußtsein.

Das Unbewußte enthält eine riesige Informationsmenge. So sind in ihm bereits pränatale Erfahrungen und Geburtserlebnisse gespeichert. Das Unbewußte ist im streng naturwissenschaftlichen Sinn („zählen, messen, wägen") nicht beweisbar, genausowenig wie Freundschaft, Liebe, Wut, Angst oder Geborgenheit – aber offensichtlich genauso wirklich und wirksam.

Im Spannungsfeld zwischen Bewußtem und Unbewußtem liegt der zentrale Ansatzpunkt, uns zu durchschauen, uns besser kennenzulernen.

Grafisch können wir uns die fünf Aspekte des Mensch-Seins (körperliches Sein, emotionales Sein, gedankliches Sein, Bezogen-Sein und gesellschaftliches Sein) als vierseitige Pyramide vorstellen, die in unsere Mit-Welt eingebettet ist:

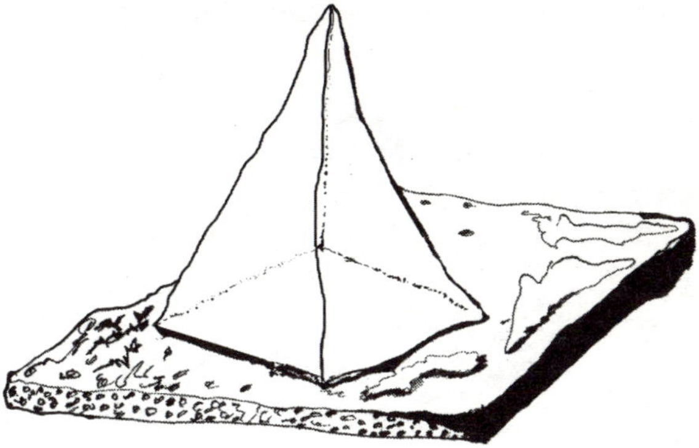

Diese Pyramide ist ein Symbol für den – nicht existierenden – Standardmenschen. Die unverwechselbare Individualität unserer Persönlichkeit zeigt sich gleichsam als Gebirgslandschaft mit Zacken, Höhen, Kratern und Hügeln:

***Sie sind eine einzigartige Persönlichkeit!***

Doch die Persönlichkeit ist in Ihrer Gesamtheit nicht wahrnehmbar, sie ist uns nur zu einem sehr geringen Teil bewußt – der überwiegende Teil ist uns wie durch einen Schleier verborgen, er ist uns unbewußt. Insgesamt stellt sich daher das IROS-Persönlichkeitsmodell® – als Momentaufnahme eines stetigen Entwicklungsprozesses – so dar:

## Das IROS-Persönlichkeitsmodell® zusammenfassend formuliert:

Der sich entwickelnde Mensch steht mit seiner Individualität, die durch die Prägung entstanden ist, auf der Basis seiner Gesellschaft. Seine Persönlichkeit drückt sich körperlich, emotional, in seiner Art zu denken, in seinen Beziehungen und in seinem gesellschaftlichen Handeln aus. Diese Faktoren beeinflussen sich wechselseitig und sind ihm nur zu einem sehr geringen Teil bewußt.

## Vermissen Sie in diesem Modell eine „spirituelle“ Ebene?

Ich halte es mit Wittgenstein: „Worüber du nichts sagen kannst, darüber schweige.“ Ich weiß nicht, ob eine spirituelle Ebene existiert. Wir verarbeiten so viele Informationen unbewußt, entscheiden uns unbewußt, es erweisen sich viele scheinbar unerklärliche Phänomene („Wahr“-Sagen, „außer“-sinnliches Wahrnehmen) bei näherem Hinsehen als Sonderformen des Wahrnehmens, daß ich für mich zur Zeit ohne ein Erklärungsprinzip „spirituell“ auskomme. Ich akzeptiere, daß es einiges gibt, das ich nicht verstehe, daß ich einige Fragen nicht beantworten kann. Und so gehe ich beispielsweise beim Feuerlaufen gerne über die Glut und freue mich jedesmal, daß meine Fußsohlen nachher nicht verkohlt sind – ohne dies erklären zu wollen.

***Ich glaube, daß es mehr gibt, als ich sehen, riechen, angreifen oder hören kann: Ich glaube nicht an einen Gott, ich glaube an die Evolution.***

Außerdem halte ich nichts davon, „Spiritualität“ zum Flüchten vor der sinnlich wahrnehmbaren Realität in eine Phantasiewelt zu verwenden.

Als nächsten Schritt stelle ich Ihnen die Prägung und das Spannungsfeld zwischen unserem Bewußtsein und unserem Unbewußten näher vor.

# 2. DIE PRÄGUNG:

## WIE UNSERE INDIVIDUALITÄT ENTSTANDEN IST

Unsere Individualität entsteht durch das Zusammenspiel des gesellschaftlichen Rahmens, in den wir geboren wurden, der Erziehung durch unsere Eltern und unserer Gene. So entwickelte sich in den ersten Lebensjahren unsere Persönlichkeit mit einer unverwechselbaren und relativ stabilen Grundcharakteristik.

### DAS PRINZIP „PRÄGUNG“

***Die Prägung ist ein zentrales Prinzip der Evolution.***

Die Entwicklung lebender Organismen erfolgt keineswegs durch einen im einzelnen festgelegten Plan mit genauen Abständen, Längen, Krümmungen und Winkeln. Selbst zum Entwickeln hochkomplizierter Formen scheint die Natur nur wenige Schlüsseldaten im jeweiligen Genmaterial festzulegen. Sie nutzt die Kenntnis der Zusammenhänge und speichert nur wenige Steueranweisungen, die der Entwicklung die Richtung vorgeben. Die endgültige Gestalt entsteht dann in der Auseinandersetzung mit der jeweiligen Umwelt.

Das Leben bekämpft nicht die vorliegenden Einflüsse, sondern versucht sie zu nutzen (vgl. Vester, S. 136 ff.). Ein sich entwickelnder Organismus fängt so die üblichen Störungen auf, und die Natur erreicht, daß sich die geplante Gestalt durchsetzt. Dem Ohr fehlt nachher nicht ein Teil, sondern es ist vielleicht im Ganzen etwas kleiner. Mit einer Programmierung der genauen Maße bestünde die Gefahr, daß die eine oder andere festgelegte Bedingung schon allein wegen der vielen äußeren Störungen, auf die ein sich entwickelnder Organismus trifft, nicht eingehalten wird – und daß dadurch das ganze Programm zusammenbricht.

Wir sind also durch unsere Gene nur in sehr großen Bandbreiten festgelegt. Die Evolution läßt uns im einzelnen eine breite Palette möglicher Erscheinungsformen.

## Die Bandbreite des Möglichen und die Starrheit des einmal Geprägten

***Zunächst ist sehr viel möglich. Sind die Schienen einmal verlegt, laufen wir in eingefahrenen Bahnen.***

Dieses Prinzip der Evolution, das unser Existieren wahrscheinlich überhaupt erst ermöglicht, hat jedoch einen Haken: Es ist kein Programm vorgesehen, eine einmal etablierte Charakteristik zu ändern. Dies wäre dann notwendig, wenn sich nach der Prägungsphase die ursprüngliche Umwelt stark verändert.

Welche Bandbreite der Prägung des Menschen möglich ist und wie bestimmend die Prägung für unser weiteres Leben ist, läßt sich an Kindern, die von Tieren großgezogen wurden (vgl. Liedloff, S. 57 f.), ermessen:

*Wolfskinder*

*Von den vielen derartigen Fällen ist der der Schwestern Amala und Kamala, die in ihrer Säuglingszeit von Wölfen im indischen Dschungel versorgt worden sind, am besten dokumentiert. Nachdem sie von Menschen gefunden worden waren, wurde versucht, die Mädchen an die menschliche Gesellschaft zu gewöhnen. Die meisten der mühevollen und geduldigen Anstrengungen schlugen jedoch fehl oder hatten nur geringen Erfolg. Die Mädchen fühlten sich elend und lagen nackt in der Haltung von Wölfen in den Ecken ihrer Räume.*

*Nachts wurden sie aktiv und heulten. Nach langem Training lernte Kamala auf zwei Beinen zu gehen; aber laufen konnte sie immer nur auf allen vieren. Eine Zeitlang weigerten sich die Mädchen, Kleider zu tragen oder gekochte Nahrung zu sich zu nehmen; sie bevorzugten rohes Fleisch und Aas. Kamala lernte fünfzig Wörter, ehe sie im Alter von fünfzehn Jahren starb. Zu dieser Zeit entsprach ihre geistige Reife – so schätzte man, gemessen an den üblichen Standards – jener eines dreieinhalbjährigen Kindes. Einige ihrer Fähigkeiten waren jedoch erstaunlich: ihre Wendigkeit als Vierbeiner, ihr Geruchssinn (sie konnte Fleisch auf 75 Meter Entfernung riechen), ihr Sehvermögen im Dunkeln, ihre Schnelligkeit, ihre Anpassungsfähigkeit an Temperaturwechsel u. ä.*

***Alle Naturvölker haben ihre speziellen Fähigkeiten – die einen, um in der Wüste, die anderen, um in Grönland zu leben. Ein Eskimo und ein Pygmäe können ihre Lebensräume aber nicht einfach tauschen!***

Gerade dieses extreme Beispiel zeigt uns, daß die Steueranweisungen dafür sorgen, daß wir uns auf der Basis des genetischen Grundmaterials immer optimal auf unsere Lebensumstände einstellen. Wenn sich diese Umstände nicht wesentlich verändern, hat die Evolution damit ihr Ziel erreicht. Da es in der Geschichte der Evolution jedoch nicht notwendig war, eine einmal etablierte Prägung zu verändern, sind derartige Steueranweisungen nicht vorhanden. Das bedeutet, daß unsere Grundcharakteristik relativ stabil ist.

Ich gehe davon aus, daß die Prägung, die wir in unseren ersten Lebensjahren erlebt haben, die Wurzel unserer heutigen Stärken ist. Aber auch unserer Schwierigkeiten – wenn wir uns unser Geprägt-Sein nicht bewußt machen: Wir haben uns zwar optimal auf unsere Umgebung eingestellt – doch sich auf eine ver-rückte Welt einzustellen, bedeutet, auch selbst ver-rückt werden zu müssen.

Bevor Sie das Buch jetzt ärgerlich zuklappen und in die Ecke werfen, will ich schnell erklären, was ich mit ver-rückt meine. Ich gehe davon aus, daß die Evolution uns als stimmige Wesen „geplant" hat. Unter „stimmig" verstehe ich das Gefühl, am richtigen Ort zur richtigen Zeit „in unserer Mitte", „im Lot" zu sein. Meine Erfahrung mit mir selbst und vielen anderen Menschen zeigt, daß wir über weite Strecken nicht im Lot, d. h. un-stimmig oder ver-rückt sind.

Bei den Versuchen, uns „zurechtzurücken", stoßen wir auf den Haken der Prägung, ihre Starrheit. Unsere einmal entstandene Charakteristik ist stabil, aber wir können – wenn wir sie uns bewußt machen – (zumindest teilweise) andere Formen finden, um unsere Wesenszüge auszudrücken und zu leben.

***Wer läßt sich schon gerne als „ver-rückt" bezeichnen? Aber ist es so toll, „normal" zu sein?***

Zwei Schlußfolgerungen:

- *Die Prägung ist keine Entschuldigung!*

Unser Geprägt-Sein ist in vielen Fällen eine Erklärung für unser Verhalten; aber sicher keine Entschuldigung oder Rechtfertigung für einen Eifersuchtsmord, für Kindesmißbrauch, einen Bankraub …

Über die eigene Prägung in Selbstmitleid zu verfallen hilft uns nicht wirklich, für unsere Schwierigkeiten die Eltern verantwortlich zu machen, auch nicht: sie haben aus ihrer Sicht das Bestmögliche versucht – und wir haben auf jeden Fall genug für unser Leben mitbekommen, sonst würden wir heute nicht existieren!

- *Lösen wir den „Irrtum in der Zeit" auf*

Die Nachhaltigkeit der Prägung bewirkt, daß wir aktuelle Herausforderungen durch eine (vor)gestrige Brille sehen und mit (vor)gestrigen Methoden zu lösen versuchen – und damit scheitern. Wir reagieren mit gedanklichen Konzepten und emotional, wie wir es in den ersten Lebensjahren gelernt haben. Daher erleben wir in uns, in unseren Beziehungen und auf gesellschaftlicher Ebene Konflikte, die wir häufig unangemessen lösen. Diese Tatsache beeinflußt auch nachhaltig unseren Körper – wir „somatisieren". Ich halte es daher für den zentralen Ansatzpunkt, uns unser Geprägt-Sein bewußt zu machen, zu erkennen, wie es körperlich, emotional, gedanklich sowie in unseren Beziehungen und in unserem gesellschaftlichen Handeln zum Ausdruck kommt.

***Wie plausibel ist dieses Konzept „Prägung" für Sie?***

Damit sind wir beim Spannungsfeld zwischen unserem Bewußtsein und unserem Unbewußten.

# 3. Das (Un-)Bewusst-Sein:

## Wie wenig wir eigentlich über uns Bescheid wissen

Ob es unsere körperlichen Funktionen oder unsere Beziehungen, unser Fühlen, Denken, Geprägt-Sein, Wahrnehmen, Entscheiden und Handeln oder die gesellschaftlichen Zusammenhänge sind – der überwiegende Teil davon ist uns nicht bewußt. Dazu ein Beispiel:

Ein Wissenschaftler zeigte zahlreichen Versuchspersonen zwei Porträtaufnahmen einer attraktiven jungen Dame. Die Bilder stammten von demselben Negativ und waren daher identisch, außer daß an einem der beiden die Pupillen durch Retuschieren vergrößert worden waren.

Die Reaktion auf dieses Bild war mehr als doppelt so stark wie die Reaktion auf jene Aufnahme, auf der die Pupillen Normalgröße hatten. In der dem Experiment folgenden Besprechung gaben die meisten Versuchspersonen aber an, daß die beiden Bilder identisch waren. Einige meinten allerdings, daß die eine Aufnahme „fraulicher", „hübscher" oder „weicher" war. Keine der Versuchspersonen entdeckte, daß auf diesem Bild bloß die Pupillen größer waren.

Die Pupillengröße hängt keineswegs nur von der Stärke des einfallenden Lichts ab, sondern auch von gefühlsmäßigen Faktoren. Schon im Mittelalter erweiterten Frauen ihre Pupillen mit der Substanz Belladonna (italienisch: „schöne Frau"). Große Pupillen wirken offenbar anziehender auf Männer. Der Wissenschaftler konnte im Laufe seiner Untersuchungen unter anderem feststellen, daß Zauberkünstler plötzliche Veränderungen der Pupillengröße genau beachten und daraus ihre Schlußfolgerungen ziehen. Wird zum

***Wir müssen erkennen und akzeptieren, daß wir die meisten und wichtigsten Entscheidungen unseres Lebens unbewußt treffen, d. h. „ohne dabei unseren Verstand zu fragen".***

Beispiel jene Karte aufgeschlagen, die sich die Versuchsperson zu merken hatte, so vergrößern sich fast immer ihre Pupillen. (vgl. Paul Watzlawick, Wie wirklich ist die Wirklichkeit, S. 51 ff.)

Auch quantitativ zeigt sich der Stellenwert unseres Unbewußten. Bewußt können wir pro Sekunde gerade 100 Informationseinheiten wahrnehmen und verarbeiten. Unbewußt empfangen und verarbeiten wir pro Sekunde 1.000.000 Informationseinheiten (über Verdauung und Raumtemperatur, Gesprächspartner und vorbeifahrende Autos, Fühlen und Denken).

Das Verhältnis ist daher 1 : 10.000!

***Unser Unbewußtes ist offensichtlich ein riesiges Potential – wir brauchen es nur zu nutzen!***

Wir müssen erkennen und akzeptieren, daß wir die meisten und wichtigsten Entscheidungen unseres Lebens unbewußt treffen, d. h. „ohne dabei unseren Verstand zu fragen“.

Eine wichtige Schlußfolgerung:

### Der Wille kann sehr hinderlich sein!

Wenn ich versuche, mein Verhalten mit dem Willen, d. h. mit Gewalt, gegen eines meiner meist unbewußten Konzepte zu verändern, so bin ich damit bestenfalls kurzfristig erfolgreich oder erreiche bloß eine Symptomverschiebung: das Problem wird nicht gelöst, sondern zeigt sich bald an einer anderen Stelle.

● Wer unter Einschlafschwierigkeiten leidet, versucht sich selbst häufig zu befehlen: „Du mußt jetzt wirklich einschlafen!“ – ohne daß dies etwas nützen würde. Es geschieht „von selbst“. Der Schlaf ist – wie alle Spontanphänomene – ein Vogel: Greift man nach ihm, fliegt er davon. Hält man lediglich die ausgestreckte Hand hin, setzt er sich nieder.

- Sexualität: Wer, wenn „es nicht klappt", sich durch Sätze wie „Nun konzentriere dich einmal, reiß dich zusammen!" anzufeuern und zu zwingen versucht, erreicht damit nichts.
- Druck erzeugt Gegendruck, Gewalt erzeugt Gegengewalt.

Oft erreiche ich durch Bekämpfen das Gegenteil. Ich kämpfe gegen mein Lampenfieber und verliere völlig den roten Faden und meine Fassung; ich bekämpfe mein Übergewicht mit einer Diät und bin kurze Zeit später dicker als vorher. Manchmal hat man mit dieser Methode scheinbar auch Erfolg – und erreicht eine bloße Symptomverschiebung. Dasselbe Phänomen zeigt sich in anderer Form: Ich gewöhne mir mit „eisernem" Willen das Rauchen ab – und habe nach kurzer Zeit zehn Kilo mehr. Oder ich bin zwar schlank, aber auch nervös, unausgeglichen und gereizt.

***Der Volksmund nennt dies: „Den Teufel mit dem Belzebuben austreiben".***

Ich schließe daraus folgendes: Je bewußter wir unsere fünf Ebenen leben, umso mehr werden wir Schwierigkeiten vorbeugen, umso zufriedener und energiegeladener werden wir unser Leben genießen.

Im folgenden zweiten Teil lade ich Sie ein, sich Ihre fünf Seins-Ebenen – die körperliche, die gefühlsmäßige, die gedankliche, die kommunikative und die gesellschaftliche – bewußter anzusehen und bewußter zu begreifen.

# Teil 2

## Die Persönlichkeits-„TÜV-Pickerl“-Bereiche

# 0. Zwei Vorbemerkungen

Bevor ich Ihnen die fünf Persönlichkeitsebenen näher vorstelle und Sie einlade, Ihren jeweiligen Bewußtheitsstand zu überprüfen, sind mir noch zwei Vorbemerkungen wichtig:

## Sie sind o. k. – auch wenn Sie mir das jetzt vielleicht nicht glauben

***Wenn es Ihnen – wie vielen anderen – schon schwerfällt sich zu mögen (und Sie dies gerne ändern würden), dann ist der erste Schritt jener, sich dies bewußt zu machen!***

Ich empfehle Ihnen, daß Sie sich in Ihrem – auch noch so „unperfekten" — Sein zunächst einfach annehmen und akzeptieren. Die erste Herausforderung der persönlichen Entwicklung ist es, sein eigenes Verhalten (und damit sich selbst) neutral wahrzunehmen statt es (bzw. sich) sofort abzuwerten. Es ist offensichtlich die schwierigste – allzu oft haben wir schon gehört, daß wir zu dumm, zu langsam, zu schlampig, zu … sind –, aber gleichzeitig die notwendigste von allen unseren Aufgaben, uns in unserem So-Sein anzunehmen und zu akzeptieren.

Sie können dies für sich ganz einfach überprüfen, etwa indem Sie sich täglich in der Früh fragen, ob Ihnen eine unsympathische Person aus dem Spiegel entgegenschaut – oder ein netter Typ, mit dem Sie jetzt gerne Ihren Frühstückskaffee trinken werden.

Wahrscheinlich werden Sie dies jeweils – zumindest in geringem Maße – unterschiedlich erleben. Ihr besonderes Augenmerk sollten Sie dabei nicht den unterschiedlichen Tagesverfassungen, sondern Ihrer längerfristigen Grundeinstellung schenken.

## Lassen Sie es einfach geschehen

Eine chinesische Parabel erzählt von einem ungeduldigen Bauern. Er wollte seine Pflanzen unbedingt dazu bringen, schneller zu wachsen. Der Bauer ging daher eines Abends auf sein Feld und begann an den Spitzen seiner jungen Pflanzen zu ziehen. Das Ergebnis können Sie sich sicherlich vorstellen …

***Etwas zulassen statt etwas zu tun***

Ich habe immer wieder erlebt, daß gerade der Wunsch, sich oder etwas zu ändern – ohne sich bewußt gemacht zu haben, was wieso passiert ist –, halbherzig begonnen, bald versandete, oder, mit Gewalt, d. h. dem Willen allein durchgeführt, nur neue Probleme verursachte.

Alleine durch das bewußte Wahrnehmen ändern wir uns „automatisch", damit meine ich unbewußt. Lassen Sie dies einfach zu. Nach meiner Erfahrung können wir der Weisheit unseres Unterbewußtseins vertrauen.

# 1. Die körperliche Ebene:

## Meinen Körper bewusster wahrnehmen

## 1. Zum Einstimmen

Es ist ein zentrales Grundbedürfnis des gesunden Menschen, zwischen dem kraftvollen, dynamischen Handeln und dem entspannten Erholen, dem Kräftesammeln, ausbalanciert zu leben. In den Zeiträumen, in denen wir strahlen und fröhlich sind, spüren wir und andere unsere Energie und Ausstrahlung, ohne daß wir uns dafür anstrengen müssen (Mit Anstrengung würde uns dies ohnehin nur in sehr beschränktem Ausmaß gelingen!). Beispielsweise läßt uns das oft als lästig empfundene Lampenfieber vor einer Rede, Prüfung oder einem Auftritt unsere Kräfte besonders intensiv wahrnehmen. Wenn wir die Energien blockieren (z. B. in Form von Verspannungen im Schulter- und Nackenbereich), kostet dies einen Teil unserer Kraft und wir hemmen damit unsere Entwicklung.

***Unser Körper ist keine Maschine, die mehr oder weniger störungsfrei funktioniert.***

Wir „bemerken“ unseren Körper meist nur dann, wenn er nicht so funktioniert, wie wir es gewohnt sind, wenn körperliche Funktionen aus dem Lot geraten sind wir un-heil, also krank geworden sind. Wie wir sehen werden, ist die streng naturwissenschaftliche Schulmedizin nur eine kleine Hilfe beim Beantworten der Frage „Wieso werden wir krank?“. Wenn wir unseren Körper nicht als Maschine sehen, die nur richtig gewartet werden muß, sondern als Ausdruck unserer Persönlichkeit begreifen, dann sehen wir auch unsere körperlichen Symptome nicht mehr als lästige Störungen, die wir möglichst schnell mit chemischen Mitteln bekämpfen müssen, sondern als Signale, die bedeutend sind. Damit wird unser Körper zu einem zentralen Ansatzpunkt für unsere persönliche Entwicklung.

***Wir setzen Teile unserer Energie dafür ein, uns selbst zu blockieren!***

Ich schlage Ihnen die Sichtweise vor, daß wir persönliches Unheil-Sein bloß auf der körperlichen Ebene ausdrücken. Die Ursache dafür liegt nicht im Körper, sondern in unserer gesamten Persönlichkeit. Daraus ergeben sich einige interessante Perspektiven.

## 2. Wie ändert sich das Verständnis von Krankheit?

Ein wichtiger Teil davon, uns unser körperliches Sein bewußter zu machen, ist, unsere Einstellungen bzw. gedanklichen Konzepte in diesem Bereich – und dabei auch das Verständnis von Krank-Sein – zu überdenken:

In früheren Zeiten wurde Krankheit als Strafe, als Folge des Übertretens von Tabuvorschriften gesehen und, so glaubte man, durch okkulte Kräfte und durch bösen Seelenstoff hervorgerufen. Beschwörung, Suggestion und Zauberei halfen angeblich Krankheiten abzuwehren. Arzt und Priester waren in einer Person vereint, im sogenannten Schamanen oder Medizinmann. Da der Mensch dem Zorn, der Rache und Willkür der Geister ausgeliefert war, konnte z. B. das Heilen durch Kräuter auch erst nach dem Versöhnen der Götter durch Zauberrituale erfolgen.

***Wirken Ihre Medikamente wegen ihrer chemischen Zusammensetzung – oder weil Sie an die Wirkung glauben?***

Dieser magische Krankheitsbegriff existiert auch heute noch in vielen Elementen des Aberglaubens, wie dem Gesundbeten, der Frischzellentherapie, Heilschlafamuletten, ferner in rituellen, suggestiven Methoden von Ärzten und in der Werbung der Pharmaindustrie. So manches Medikament verdankt seine Wirkung nicht der zugrundeliegenden chemischen Substanz, sondern dem Umstand, daß viele Patienten auf ihr Medikament schwören und es wie einen Talisman benutzen.

Neben den magischen Praktiken hatte die frühe Medizin auch schon viele Kenntnisse über pflanzliche Wirkstoffe und Wundbehandlung. Von Sokrates wurde die Dialogführung der Hebammenkunst, vergleichbar unseren heutigen Psychotherapien, entwickelt. Zur Zeit des Hippokrates, in der griechischen Antike, wurde Gesundheit als Ausdruck der Gesamtharmonie des Menschen mit sich selbst gesehen und Krankheit als Störung dieser Harmonie aufgefaßt.

Ganzheitsdenken und betont individuelle Betrachtung des kranken Menschen kennzeichnen eine Phase der antiken Medizin, deren Heilungsansatz man als psychosomatisch bezeichnen könnte. Eine ähnliche Sicht findet sich wieder im Mittelalter bei Paracelsus.

Dieses Krankheitsverständnis ging mit Beginn der Aufklärung immer mehr verloren – die weisen, der ganzheitlichen Medizin kundigen Frauen wurden als Hexen verbrannt. Die Arzt-Patienten Beziehung wird sachlich, die Fragen nach der Bedeutung der Krankheit treten in den Hintergrund. Die rasante Entwicklung von Naturwissenschaft und Technik verstärkt diese Tendenz. Die klassische Medizin beschränkt sich auf das Naturwissenschaftliche, auf das, was Mensch und Tier gemeinsam ist. So betrachtet die Medizin den Menschen wie ein Tier oder eine Maschine. Krankheiten werden unter Nichtbeachten der ganzheitlichen menschlichen Existenz auf Untersuchungsgegenstände der Pathologie, Physiologie und Biochemie reduziert. Gleichzeitig wird der ungeheure Einfluß, den Gefühle, Einstellungen und Beziehungen auf Gesundheit und Krankheit haben, ausgeblendet.

So sieht man, daß das Vernachlässigen des Gefühlsanteils am Un-heil- oder Krankwerden dem Zeitgeist des 19. Jahrhunderts entspringt und bis heute wirksam ist.

## 3. Wieso wurden die Erfolge der Medizin zum Danaergeschenk?

Die Frage nach dem Verständnis des körperlichen Un-stimmig-Seins führt uns unmittelbar zum nächsten Punkt: Wie groß ist der Stellenwert der Medizin beim Heilen?

Die Medizin verdankt den Naturwissenschaften Erfolge von bisher nie dagewesenem Ausmaß. Es gelang, Krankheitserreger zu isolieren, synthetische Wirkstoffe zu gewinnen, Fortschritte bei Hygiene und Narkosetechnik zu erzielen, Bakterien und Viren zu erforschen, genetische Defekte zu erkennen und Organe zu transplantieren.

Diese Erfolge haben allerdings zu dem (Aber-)Glauben geführt, daß die Ursache jeglicher Krankheit und letztlich des Sterbens eines Tages als bloße technische Panne aufgedeckt und repariert werden kann. Dies sollen die Wunderwaffen des Laserstrahls, die Einpflanzung künstlicher oder natürlicher Organe und am Ende vielleicht gar die Genmanipulation bewirken. (Vgl. Overbeck, S. 23 ff.)

***Nur organische Krankheiten sind „ordentliche" Krankheiten.***

### *So entstand die „Apparatemedizin"*

Bei der Labordiagnose werden die individuellen Daten in ein System übertragen, das zwischen dem normalen und dem krankhaften Zustand des Patienten entscheidet. Das Ergebnis ist der „Laborkranke", der wegen statistischer Abweichungen seiner Daten behandelt wird. Er wird von Krankheiten geheilt, von denen er nichts wußte, unter denen er nicht litt.

Demgegenüber erhält der Patient oft für die Beschwerden, unter denen er leidet, keinen „objektiven" Befund, keine Erklärung. Die Schulmedizin bezeichnet ihn dann als Simulanten, als eingebildeten Kranken oder erklärt ihn für ver-rückt. Und der Patient spielt mit. Letztlich sind sich Arzt und Patient einig: der eine findet nichts Meßbares, für den anderen stellen Emotionen einen Makel bzw. individuelles Versagen dar. Beide wollen eine „ordentliche", d. h. organische Krankheit erkennen. Anständige Menschen haben doch anständige Krankheiten!

Die Erfolge der naturwissenschaftlichen Medizin haben stark zum Krankheitswandel beigetragen. Tuberkulose, Epidemien (Typhus, Pocken, Scharlach) und Mangelerkrankungen (Rachitis, Kropf, Anämien) konnten weitgehend eingedämmt werden. Bei diesen Krankheiten tritt der einzelne Fall hinter die Typologie zurück und erfordert eine gleichförmige Behandlung.

In den hochindustrialisierten Ländern treten durch die Erfolge der Medizin die chronischen, nicht mehr rasch heilbaren oder gar unheilbaren Krankheiten, wie Herz-Kreislauf-Erkrankungen, Stoffwechselstörungen, Rheumatismus, Krebs und Aids, in den Vordergrund. Diese sind die typischen Krankheiten unserer Zeit. Wenn man daher von dem kleinen Bereich der Akut- und Intensivmedizin sowie der Unfallchirurgie absieht, wo der Arzt noch Lebensretter ist, kann er bei vielen heutigen Zivilisationskrankheiten nur wenig ausrichten und meist nur Auswirkungen mildern.

***Es gelingt der Medizin nicht, die Wurzeln auch nur einer einzigen der großen menschlichen Krankheiten unserer Zeit zu finden.***

Es gelingt der Medizin nicht, die Wurzeln auch nur einer einzigen der großen menschlichen Krankheiten unserer Zeit zu finden. Ich erläutere dies am Beispiel der Allergien:

Die Überempfindlichkeiten gegen bestimmte Stoffe können herausgefunden werden, die wirklichen Krankheitswurzeln bleiben aber ungeklärt. Nach den Erkenntnissen der klassischen Medizin wird z. B. der Asthmaanfall durch das Einatmen eines als Allergen wirkenden Stoffes ausgelöst. Es bleibt aber völlig unbeantwortet, warum bestimmte Menschen trotz nachgewiesener Allergie nicht erkranken oder erst ab einem bestimmten Lebensalter oder an einem bestimmten Tag krank werden. Bei Asthma bronchiale hat sich gezeigt, daß nach gelungener psychotherapeutischer Behandlung die Allergie bestehen bleiben kann, aber keine Anfälle mehr auftreten.

Ferner ist bekannt, daß auch nur beim Anblick einer Rose oder eines Bildes, das eine Wiese voll Heu zeigt, ein Anfall auftreten kann, daß Kinder während einer Kur völlig asthmafrei sein können, jedoch einen erneuten Anfall bekommen, wenn sie danach von der Mutter abgeholt werden – all das sind Erfahrungen, die die Schulmedizin einfach ignoriert.

***Wenn nur das Foto einer Katze die Allergie auslösen kann – wo bleibt denn da die Logik?***

Wir sollten uns daher bewußt machen, daß wir uns nicht alleine auf die Medizin – egal ob Schul- oder Alternativmedizin – verlassen dürfen, wenn wir wieder heil (oder erst gar nicht un-heil) werden wollen. Die Verantwortung dafür liegt zum größten Teil bei uns.

***Welcher Gedanke beschäftigt Sie gerade, welche Aussage klingt in Ihnen nach?***

## 4. Wieso werden wir krank?

Ein berühmtes Beispiel zeigt uns unwiderlegbar, daß wir uns nicht (allein) auf Viren, Bazillen oder Bakterien ausreden können:

Max Pettenkofer (vgl. Overbeck, S. 18 ff.) wollte die Behauptung Robert Kochs widerlegen, daß jeder, der mit Cholera-Bazillen infiziert wird, unweigerlich erkrankt, und statt dessen zeigen, daß Bazillen keine ausreichende Ursache für Krankheiten sind.

„*Er bat um eine Reinkultur von Cholera-Bazillen, strich sie auf ein Stück Brot, aß sie auf und erkrankte nicht.*"

Damit war bewiesen, daß der Cholera-Bazillus zwar notwendig für das Entstehen der Cholera-Krankheit ist, sie aber nicht alleine bewirken kann, sondern daß Faktoren hinzukommen müssen, die in der jeweiligen Person selbst liegen. Betrachtet man z. B. die Infektionskrankheiten genauer, stellt man Erstaunliches fest. Abgesehen von den seuchenhaft auftretenden Infektionskrankheiten zeigt sich nämlich, daß trotz gleicher Gegebenheiten doch immer nur eine kleine Gruppe von Menschen erkrankt. Die Erfahrungen mit dem psychosomatischen Ansatz der Medizin legen die Schlußfolgerung nahe, daß die individuellen Faktoren mit unserer Prägung zusammenhängen.

***Wir können uns nicht (allein) auf die Viren oder Bakterien ausreden.***

*Wieso werden wir also krank?*

Aus demselben Grund, aus dem wir Kinder prügeln und mißbrauchen, Drogen nehmen oder politische Attentate verüben – weil wir aufgrund unserer Prägung unstimmig, un-heil sind und dies eben auch körperlich ausdrücken!

Kranksein ist nur eine andere sprachliche Bezeichnung für Un-heil-Sein. Wenn unser Körper Teil unserer Persönlichkeit ist, wird es uns nicht verwundern, daß sich unsere persönlichen Schwierigkeiten auch körperlich zeigen.

## 5. Wie kann sich unser Geprägt-sein unbewussterweise körperlich ausdrücken?

Es beginnt damit, daß wir uns selbst nicht gefallen: Neunzig Prozent der 18- bis 30-jährigen Frauen sind mit ihrem Körper unzufrieden. (Für die Männer gilt ja das geflügelte Wort der Tante Jolesch: „Alles was ein Mann schöner ist als ein Affe, ist Luxus".)

***Möglicherweise ist es Ihnen nicht angenehm, wenn ich Sie zu Ihrer Meinung über Ihr nacktes Spiegelbild befragen würde.***

Drei weitere Beispiele:

*Dicksein*

Drei von zehn Menschen sind zu dick. Fünf von zehn Menschen wollen abnehmen. Der Kampf gegen die Kilos macht krank und ist teilweise lebensgefährlich: Kreislaufprobleme, Gicht, Hormonstörungen, Nierenschäden, Herzprobleme, Magersucht (oft das Resultat einer Blitzdiät), Depressionen, ein kaputter Magen usw. sind die Folge. Darüberhinaus hat eine solche Diät häufig zur Folge, daß man kurze Zeit später mehr wiegt als zu Beginn des Abnehmk(r)ampfes.

Im Durchschnitt hat jede Frau schon 15mal versucht, mit Hilfe einer Diät abzunehmen. Die Erfolgsquote beträgt magere fünf Prozent.

*Nahrung aufnehmen – verdauen – ausscheiden*

*Wer nicht genießt, ist ungenießbar. (Konstantin Wecker)*

Der Mensch ist, wie er ißt. Viele Menschen bezeichnen ihren körperlichen Zustand bezüglich Essen und Trinken als „schlecht": uns ist schlecht vor Hunger und Durst, schlecht von zuviel Essen und Trinken usw. Wir nehmen Pillen gegen Blähungen und zur Magenberuhigung, Abführmittel und Vitaminpräparate. Wir steuern den grundlegenden, körperlichen Zyklus, Nahrung aufzunehmen, zu verdauen und auszuscheiden, meist durch unsere gedanklichen Konzepte, statt unseren Körper selbst wählen zu lassen.

So leiden mehr als zehn Prozent der Frauen zwischen 15 und 30 Jahren an Eßstörungen mit Krankheits- und Suchtcharakter.

***Mädchen im Schulalter sind durch Eßstörungen oft mehr gefährdet als durch Drogen.***

*Allergien*

Heuschnupfen, Hautausschläge, Erstickungsanfälle: Zwei von zehn Menschen leiden an Allergien, vier von zehn Menschen sind allergiegefährdet: Sie wachen mit verschwollenen Augen auf, die Nase läuft, plötzliche Niesanfälle, rote Flecken, Hautbläschen, Juckreiz oder Asthmaanfälle treten auf. In jüngster Vergangenheit haben Allergien pro Jahrzehnt um dreißig Prozent zugenommen – und dies, obwohl nicht mehr Pollen als früher in der Luft sind.

Die Kette reicht im Einzelfall (vgl. Corazza, Daimler u. a.) von einem Gefühl des Schlapp- und Abgespanntseins, Konzentrationsschwäche und geringer sexueller Lust über

*funktionale Störungen* wie Eß-, Schluck- und Verdauungsstörungen, Atem-, Herz- und Kreislaufbeschwerden und sexuellen Schwierigkeiten bis zu

*psychosomatischen Krankheiten im engeren Sinn* wie Magengeschwüren, Herzinfarkten, Asthma, Hauterkrankungen …

## 6. Was kann das Hinterfragen, das Bedeutung-Finden, zu Tage bringen?

Wenn wir uns dazu entschließen, den rein naturwissenschaftlichen Weg zu verlassen, und unsere körperlichen Beschwerden hinterfragen, werden wir einige sehr interessante Zusammenhänge entdecken.

*Interpretieren wir die verschiedenen körperlichen Symptome, sehen und begreifen wir ihre Bedeutung.*

Ich habe für Sie einige Beispiele für körperlich sichtbares Un-heil-Sein mit möglichen Be-deutungen zusammengestellt (vgl. Dethlefsen, S. 130 ff.):

### Schlafen – Loslassen

Ähnlich wie Essen und Sexualität ist der Schlaf ein Grundbedürfnis des Menschen. Schlafstörungen sind für uns sehr unangenehm. Der Schlaf ist ein eigenartiges Phänomen. Wir alle können schlafen, ohne es gelernt zu haben, und dennoch wissen wir nicht, wie es geht.

Der Tag und das Licht bedeuten das Wachen, das Leben, die Aktivität, die Nacht die Dunkelheit, die Ruhe, das Unbewußte und den Tod. So bezeichnet der Volksmund den Schlaf auch als den „kleinen Bruder des Todes". Einzuschlafen verlangt von uns, vom gewollten Aktivsein loszulassen. Einzuschlafen verlangt von uns Hingabe und Urvertrauen, ein Einlassen auf Unbekanntes und läßt sich gerade nicht durch Zwang, Selbstbeherrschung, Wille und Anstrengung herbeizwingen. Jedes Wollen ist die sicherste Art, Schlaf zu verhindern. Wir können nicht mehr tun, als günstige Voraussetzungen zu schaffen – doch dann müssen wir geduldig warten und darauf vertrauen, daß es geschieht.

Wir leben das Aktivsein, sind stolz auf unser Machen und Tun und abhängig von unserem Intellekt und unserer mißtrauischen Kontrolle. Hingabe, Vertrauen und Loslassen sind uns weit weniger vertraut.

So darf es niemanden erstaunen, daß Schlaflosigkeit (neben Kopfschmerzen) zu den häufigsten Gesundheitsstörungen unserer Zivilisation gehört. Wir versuchen dann Tricks wie Schäfchenzählen, um unser bewußtes Denken durch Monotonie abzustellen.

Ein übergroßer Schlafdrang weist auf die entgegengesetzte Problematik hin. Wer trotz ausreichendem Schlaf grundsätzlich Schwierigkeiten mit dem Aufwachen und dem Aufstehen hat, kann überprüfen, wie er zu den Anforderungen des Tages, zu Aktivität und Leistung steht. Aufzuwachen und den Tag zu beginnen heißt, aktiv zu werden, zu handeln und dafür Verantwortung zu übernehmen.

So wie das Einschlafen mit dem Tod in Verbindung steht, ist das Erwachen eine kleine Geburt. Geboren- und Bewußtwerden können als genauso angsterregend erlebt werden wie Nacht und Tod.

***So ist die Entscheidung für eine Frau gleichzeitig die Entscheidung gegen drei Milliarden andere Frauen, die Entscheidung für einen Mann gleichzeitig die gegen drei Milliarden anderer Männer.***

## Entzündung – Konflikt und Entscheiden

Im Wort „Ent-zündung" steckt schon der „zündende Funke". Menschen leben ständig in einem Konflikt, in einem Spannungsfeld zwischen zwei Möglichkeiten. Ständig müssen wir uns entscheiden, auf eine Möglichkeit verzichten und die andere wählen. Viele Menschen neigen dazu, zu glauben, daß das Nichtsehen und Nichtspüren eines Konfliktes ein sicheres Zeichen dafür ist, keine Konflikte zu haben. Mit der gleichen Naivität glauben kleine Kinder daran, durch das Schließen der Augen unsichtbar zu werden. Konflikte kümmern sich jedoch nicht darum, ob man sie wahrnimmt oder nicht – sie sind da. Wer jedoch nicht bereit ist, seine Konflikte in seinem Bewußtsein zu ertragen, zu bearbeiten und allmählich zu lösen, bei dem werden sie sich körperlich, in Form einer Entzündung zeigen. Wir können eine Infektion als körperlich gewordenen Konflikt deuten. Die im Bewußtsein gemiedene Auseinandersetzung erzwingt sich auf der Körperebene ihre Beachtung als Entzündung.

*Entscheiden befreit.* Der Konflikt zieht ständig Energie ab, was emotional zur Lustlosigkeit, Antriebslosigkeit und schließlich zur Resignation führt. Wählen wir dagegen, spüren wir schnell die dadurch freiwerdende Energie.

Jeder durchlebte Konflikt lehrt uns mit Konflikten angemessener umzugehen; körperlich drückt sich dies im Steigen der unspezifischen Immunität aus. Allerdings müssen wir bisherige Anschauungen und Meinungen, liebgewonnene Lebenshaltungen und vertraute Gewohnheiten ändern. Denn alles Neue setzt den Tod des Alten voraus.

### Bandscheiben, Ischias – Druck

***Lasten Sie sich beruflich oder privat auch manchmal zuviel auf?***

Durch Druck werden die Knorpelscheiben zwischen den Wirbeln, besonders im Bereich der Lendenwirbelsäule, seitlich herausgequetscht und drücken auf die Nerven. Dies verursacht verschiedenartige Schmerzen, wie z. B. Ischias und Hexenschuß. Dieses Signal führt zum Thema Überlastung. Wer sich zu viel auf seine Schultern lädt und dieses Zuviel nicht bemerkt, der spürt diesen Druck im Körper als Bandscheibenschmerz. Der Schmerz zwingt den Menschen zu mehr Ruhe, denn jede Bewegung, jede Aktivität schmerzt. Diesen sinnvollen Hinweis versuchen viele Betroffene durch Schmerzmittel zu unterdrücken, um ihrer gewohnten Aktivität ungehindert nachgehen zu können – statt sich zu fragen, wozu sie sich so viel auflasten.

### Allergie – Wut

Das Immunsystem des Körpers bildet Antigene gegen die Allergene – eine sinnvolle Verteidigung gegen Eindringlinge. Beim Allergiker wird diese an sich sinnvolle Verteidigung maßlos übertrieben.

Allergie kann daher als Wut interpretiert werden, die sich körperlich ausdrückt. Es wird nach Herzenslust verteidigt und angegriffen, gekämpft und gesiegt. Damit diese lustvolle Beschäftigung nicht zu schnell zu Ende ist, werden die harmlosesten Objekte zu Feinden erklärt: Blütenpollen, Katzen- oder Pferdehaare, Staub, Waschmittel, Rauch, Erdbeeren, Hunde oder Tomaten. Die Auswahl ist unbegrenzt – der Allergiker kämpft notfalls mit allem und jedem, gibt jedoch meist einigen symbolträchtigen Favoriten den Vorzug.

Ich habe erlebt, daß ich einen starken Heuschnupfenanfall durch Holzhacken beenden konnte. Während eines Heuschnupfenanfalls habe ich zur Hacke gegriffen und den Brennholzvorrat für mehrere Tage produziert. Nach den ersten wuchtigen und genußvoll durchgeführten Schlägen war mein Heuschnupfen wie weggeblasen.

Sie müssen mir das nicht glauben – Sie können es selbst einfach beim nächsten Heuschnupfenanfall ausprobieren.

***Bevor wir unsere Wut spüren und angemessen ausdrücken, reagieren wir lieber allergisch.***

## Haut – Sein und Schein

Haben Sie eine „dünne Haut" oder ein „dickes Fell"? Was immer auf der Haut sichtbar wird, eine Rötung, eine Schwellung, eine Entzündung, ein Pickel, ein Abszeß – der Ort ist nicht zufällig. Vom Sichtbaren können wir auf das Unsichtbare schließen. Das tun wir im Alltag ständig. Wir betreten ein Wohnzimmer und schließen aus dem Sichtbaren auf den Geschmack der Person, die es bewohnt.

Diesen Geschmack können wir auch anhand des Kleiderschranks diagnostizieren. Die Haut zeigt nicht nur äußerlich unseren inneren organischen Zustand, sondern auch unsere gefühlsmäßigen Abläufe und Reaktionen an.

Einiges davon zeigt sich so deutlich, daß es jeder bemerken kann: Wir werden rot vor Scham und blaß vor Schreck, schwitzen vor Angst oder Aufregung, unsere Haare sträuben sich vor Entsetzen oder wir bekommen eine Gänsehaut.

***Wieso wollen wir anders erscheinen, als wir sind?***

Wenn die Haut so viel von unserem Inneren sichtbar macht, dann liegt der Gedanke nahe, daß sie nicht nur besonderer Pflege bedarf, sondern daß wir auch dazu neigen, ihr Aussehen zu manipulieren. Mit der Kosmetik wird versucht, etwas zu vertuschen bzw. etwas vorzutäuschen. Man täuscht äußerlich etwas vor, was innerlich nicht da ist – und baut so eine Fassade auf. Es ist ein Unterschied, ob jemand „schön ist" oder nur „schön aussieht", ein Unterschied zwischen „Sein" und „Schein". Der Versuch, der Welt eine Maske zu zeigen, beginnt beim Make-up und endet bei der Schönheitsoperation.

## Unfälle – Verändern von Gewohntem

*Oft kann man nach einem Unfall feststellen, daß man schon länger nicht mehr mit seinem Weg zufrieden war und ihn „eigentlich" schon länger verändern wollte.*

Viele Menschen reagieren mit großem Erstaunen, wenn man Unfälle in der gleichen Weise deutet wie Erkrankungen. Man meint, Unfälle seien etwas ganz anderes – sie kämen doch von außen, weshalb man schwerlich selbst daran beteiligt sein könne. Vielleicht hilft uns hier ein Vergleich: Um ein Bild zu malen, brauchen wir Leinwand und Farbe – doch diese beiden Dinge sind nicht Ursache des Bildes, sondern lediglich Hilfsmittel, mit deren Hilfe wir das Bild verwirklichen. Deuten wir das Bild deshalb nicht, weil wir in Farbe, Leinwand und Pinsel die eigentlichen Ursachen des Bildes sehen?

Wir suchen uns unsere Unfälle aus – wie die anderen Symptome. Die Erkenntnis, daß Unfälle unbewußt motiviert sind, ist nicht neu. Bereits Freud hat in seiner „Psychopathologie des Alltagslebens" neben den Fehlleistungen wie Versprechen, Vergessen, Verlegen von Gegenständen auch Unfälle als Ergebnis einer unbewußten Absicht dargestellt. Ein Unfall stellt eine Handlungsweise bzw. den eingeschlagenen Weg eines Menschen in Frage. Dieses plötzliche Ereignis ist ein Einschnitt im Leben – und kann hinterfragt werden. Dabei sollten wir den gesamten Unfall wie ein Theaterstück betrachten und versuchen, die Charakteristik des Hergangs zu verstehen, zu interpretieren.

*Verkehrsunfälle*

„Verkehrsunfall" ist ein allgemeiner Oberbegriff. Man muß nur genau hinhören, wenn jemand den Unfallshergang schildert. So kann man im Leben wie auch im Straßenverkehr vom Weg abkommen, ins Schleudern geraten, den Halt, die Kontrolle oder die Herrschaft verlieren, aus der Bahn geworfen werden, jemanden anfahren usw. Was gibt es da noch viel zu deuten? Es genügt, hinzuhören. Da beschleunigt jemand so stark, daß er (sich) nicht mehr bremsen kann und seinem Vordermann (oder ist es eine Frau?) nicht nur zu nahe kommt, sondern sogar auffährt und dadurch einen sehr engen Kontakt herstellt (den man nicht zufällig auch „bumsen" [!] nennt). Oft bringt die Frage: „Was führte zum Unfall?" bereits die zentralen Antworten:

- Die Aussage „Ich konnte nicht mehr rechtzeitig bremsen" zeigt, daß ein Mensch in seinem Leben eine Entwicklung (z. B. im Beruf) erlebt, deren Dynamik ihn gefährdet.
- Die Aussage „Ich habe ihn einfach nicht gesehen" zeigt, daß dieser Mensch auch in seinem Leben etwas recht Wichtiges übersieht.
- Endet der Versuch, jemanden zu überholen, in einem Unfall, so sollte man schleunigst alle „Überholmanöver" in seinem Leben überprüfen.

***Sich zu entwickeln bedeutet sich zu verändern.***

Das Verändern der eigenen Person führt dazu, daß auch ein Verändern der äußeren Umstände notwendig wird: im Lebensstil, im Beruf und in der Partnerschaft.
Es ist für uns „Gewohnheitstiere" meist schwierig, diese Notwendigkeit des Anpassens der äußeren Gegebenheiten an die innere Entwicklung rechtzeitig wahrzunehmen. Veränderungen lösen Angst aus. Man möchte eigentlich – aber man tut es (noch) nicht. Der Impuls, sich zu ändern, wird verdrängt. Er verwirklicht sich dann auf unbewußte Weise, was von unserem Bewußtsein als „von außen kommend" erlebt wird.

## 7. Wie können wir unsere Sinne (wieder) öffnen?

*Wenn wir die Sinne wieder öffnen, den Empfindungen und dem Schmerz genügend Platz lassen, wenn der Körper kraftvoll und natürlich Spannung und Entspannung zuläßt, kommt wieder ein Funkeln und Blitzen in unsere Augen, die ein Fenster zum Herzen darstellen. „Bei Sinnen“ zu sein, Liebe und Freude zu spüren, sind köstliche Geschenke, die nicht durch Leistung zu erwerben sind.* (Pechtl, S. 30)

***Über gesünderes Ernähren und angemessenes Bewegen brauche ich Ihnen ja wohl nichts zu erzählen?!***

Wir können mithilfe zweier einfacher Methoden intensiver (er)leben: des Atmens und Groundens (was soviel bedeutet wie „mit dem Boden verbunden sein“).

### Atmen

Halten Sie kurz inne und nehmen Sie Ihren Atem wahr, ohne ihn zu verändern. Atmen Sie eher flach oder tief, in die Brust oder in den Bauch, schnell oder langsam, atmen Sie ganz oder nur teilweise aus?

Machen Sie sich in verschiedenen Situationen – beim Zähneputzen, Autofahren, Fernsehen, während der Arbeit – Ihre Atemgewohnheiten bewußt, ohne daran sofort etwas verändern zu wollen.

***Bewußt zu leben heißt bewußt zu atmen.***

*An Personen, die bereit sind, neue Schritte zu unternehmen, Veränderungen bewußt anzustreben oder ihren Handlungsspielraum zu erweitern, kann man beobachten, daß diese ihr Atempotential mehr ausschöpfen. Der Verstand und der Wille können dabei verstärkend Beistand leisten.* (Pechtl, S. 41)

## Grounden

Wie so oft drückt der Volksmund Grundlegendes einfach und präzise aus:

„Er hat einen festen Standpunkt."

„Er hat abgehoben, den Boden unter den Füßen verloren."

„Sie läßt sich nicht so leicht umwerfen."

Der Begriff des Groundings (vgl. Pechtl, S. 47 ff.) stammt aus dem Bereich der Körpertherapien und heißt soviel wie „verwurzelt sein, sich auf dem Boden der Wirklichkeit bewegen, Boden unter den Füßen haben".

Der Kontakt mit dem Boden ist ein Schlüssel zum Sehen mit den eigenen Augen, zum bewußten Wahrnehmen und unvoreingenommenen Verstehen. Durch die bodenspürende Aufmerksamkeit entgehen wir der Gefahr, unser sinnliches Wahrnehmen durch „Habenwollen" zu betrügen.

Ohne festen Standpunkt fällt es schwer, zu verhandeln, sich auseinander- oder zusammenzusetzen.
Wahrnehmen ohne Bezug zum Boden entspricht dem ungeprüften Übernehmen fremder Ansichten. Echter Kontakt zu sich und anderen wird durch den spürbaren Kontakt zum Boden erleichtert. Der feste Standpunkt macht sicher. „Sich zu erden" unterstützt dabei, angemessen wahrzunehmen.

Zum Ausprobieren: Setzen oder stellen Sie sich für einen bestimmten Zeitraum bewußt hin, um den Kontakt mit dem Boden und Ihrem Atem wahrzunehmen. Lassen Sie dabei aufsteigende Gedanken wie Wolken einfach vorüberziehen.

***Ein erstes Ziel könnte sein, sich jeden Tag dreimal sein Atmen bewußt zu machen und sich morgens und abends je eine Minute zu grounden.***

Sowohl das Atmen als auch das Grounden führen uns zum bewußteren Wahrnehmen unseres Seins. Schenken wir darüberhinaus mithilfe einer einfachen Übung unseren körperlichen Empfindungen wieder mehr Aufmerksamkeit:

## Bewussteres Empfinden

Was empfinden Sie im Moment? – Wenn Sie dieser Frage nachgehen wollen, bleiben Sie in Ihrer momentanen Haltung und lesen die folgenden Hinweise, bevor Sie die Übung mit geschlossenen Augen durchführen:

*Körperliche Empfindungen sind immer vorhanden – es ist nur eine Frage des Auf-merk-sam-Seins.*

Nachdem Sie die Augen geschlossen haben, gehen Sie gedanklich bei unveränderter Haltung aufmerksam durch Ihren Körper. Die Stationen Ihrer inneren Reise sind Füße, Unterschenkel, Knie, Oberschenkel, Becken, Rücken, Bauch, Brust, Hals/Nacken, Kopf, Mund und Augen.

Verharren Sie jeweils eine kurze Zeitspanne und nehmen Sie einfach wahr, „was da ist“, ohne zu bewerten, ohne zu interpretieren. Gedanken werden wie vorbeiziehende Wolken gleich wieder losgelassen.

Die Frage „Was empfinde ich?“ zeigt uns sehr oft, wie wenig wir uns unserer körperlichen Empfindungen bewußt werden. Wir überlagern sie mit Leistungsdruck, Informationsüberflutung und verschiedenen Arten von Zeitvertreib.

*Diese Übung läßt sich hervorragend auch in der U-Bahn oder beim Autofahren durchführen.*

Wir erleben Gefühle als körperliche Empfindungen. Traurigkeit kann man zum Beispiel als Druck in der Brust empfinden, als flache Atmung, als Verlust eines Gefühls der Lebendigkeit, als Brennen der Augen. In den meisten Fällen sind wir uns der körperlichen Aspekte unseres Fühlens kaum bewußt; wir nehmen sie direkt als „Traurigkeit“, „Freude“, „Kummer“, „Liebe“ usw. wahr. Diese „Unbewußtheit“ ist manchmal zweckdienlich, wie etwa der Umstand, daß wir nicht wissen, was wir tun, wenn wir eine Treppe hinaufsteigen. Es könnte jedoch für uns wichtig sein, unser Treppensteigen zu analysieren, wenn entweder wir oder die Treppen in Unordnung geraten sind. Ein Analysieren von Gefühlen, bei dem Sie Ihre körperlichen Aspekte unbeachtet lassen, bedeutet, auf den besten Wegweiser zu verzichten. (Vgl. Cohn, S. 120)

## 8. Zusammenfassung

Begreifen wir unseren Körper als eine Seinsebene unserer Persönlichkeit – nicht wie die klassische Schulmedizin als ein Ding, das nichts mit uns selbst zu tun hat bzw. als eine Maschine, die nur chemisch-physikalisch (mit Aufputschmitteln, Medikamenten, Drogen) behandelt werden muß, um wieder oder noch besser zu funktionieren.

Den Hintergrund unseres Krank-Seins zu suchen, heißt nicht, funktionale Abläufe zu leugnen. Ich schlage Ihnen nicht vor, „das Kind mit dem Bade auszuschütten". Natürlich werden wir bei akuten körperlichen Symptomen einen Arzt konsultieren. Aber spätestens wenn Sie im Beipacktext die Nebenwirkungen der Ihnen verschriebenen Medikamente lesen, werden Sie wahrscheinlich nachdenklich: eine einseitig körperliche Behandlung verschiebt bloß die Symptome Ihres persönlichen Un-heil-Seins an eine andere Stelle des Körpers.

*Genießen Sie die körperliche Ebene Ihres Seins!*

Beachten Sie einfach die augenscheinlichen Zusammenhänge, die in zahlreichen Redewendungen zum Ausdruck kommen: Der Zustand Ihrer Zähne wird damit zusammenhängen, wie Sie sich „durchbeißen". Handelt jemand „kurzsichtig", wird er es auch sein.
Andere Beispiele dafür sind folgende Redewendungen: „Jemandem ein Loch in den Bauch reden", „Es ist ihm etwas zu Kopf gestiegen", „Es schnürt mir die Kehle zu", „Ich glaube, mich trifft der Schlag", „Mir geht etwas an die Nieren" oder „Vor lauter Wut läuft ihm die Galle über". – Der Volksmund bringt besonders treffend den gefühlsmäßigen Aspekt körperlicher Beschwerden auf den Punkt.

Abschließend mein Vorschlag: Genießen Sie, wie durch zwei einfache Aktivitäten, das Atmen und das Grounden, Kräfte und Energien durch Ihren Körper strömen.

## 9. Zehn + 1 Frage

(Es gibt keine „falsche“ oder „richtige“, keine „gute“ oder „schlechte“ Antwort! Bedenken Sie bitte nur: Sie können jeden Menschen auf der Welt anlügen – gefährlich wird es nur, wenn Sie sich selbst anlügen.)

1. Wenn Sie auf einer Skala zwischen 1 (gar nicht) und 10 (sehr) einstufen, wie wohl Sie sich „in Ihrer Haut“ fühlen – welche Zahl nennen Sie dann? – Gilt diese Antwort nur jetzt im Moment oder entspricht sie Ihrer Grundstimmung?

2. Was würden Sie – wenn Sie durch einen Zauberspruch alles ändern könnten – an Ihrem Körper gerne verändern?

3. Wie würde ein guter Freund Ihren Körper bzw. Ihren körperlichen Zustand einem Dritten gegenüber beschreiben?

4. Und Sie? Wie würden Sie Ihrem besten Freund am Telefon Ihren Körper bzw. Ihren körperlichen Zustand beschreiben?

5. Wie sehr unterscheidet sich Ihr Verständnis von Körper und Krankheit von meinem?

6. Wie genau lesen Sie den Beipacktext der Ihnen verordneten Medikamente – insbesondere den Absatz über die Nebenwirkungen?

Bei aktuellem oder immer wiederkehrendem körperlichen Un-heil-Sein:

7. Mit welchem Körperteil bzw. welchem Organ drücken Sie dies aus?

8. Welche Funktionen haben diese Organe?

9. Welche Bedeutung haben diese Organe für Sie?

10. Was können Sie aus dem Zeitpunkt des Auftretens des Un-heil-Seins schließen?

## Die zusammenfassende „TÜV-Pickerl-Frage“:

Wenn Sie die verschiedenen Facetten Ihres körperlichen Seins Revue passieren lassen – wie sehr sind Sie mit Ihrem heutigen Bewußtseinsstand auf dieser Ebene zufrieden?

(wenig) 1 2 3 4 5 6 7 8 9 10 (sehr)

# 2. Die emotionale Ebene:

## Die Welt unserer Gefühle

## 1. ZUM EINSTIMMEN

Unser Körper wird älter, wir bilden uns weiter – nur gefühlsmäßig werden wir nicht reifer und reagieren daher in wichtigen Fragen emotional wie kleine Kinder: trotzig, zornig, traurig, eifersüchtig. Es ist mir ein wichtiges Anliegen, Ihnen zu vermitteln, daß Erwachsenwerden nicht nur bedeuten kann, körperlich älter zu werden und mehr Wissen anzuhäufen. Körperlich erwachsen und emotional ein Kind zu sein – dieser Zwiespalt kennzeichnet unsere Gesellschaft und zeigt sich bei Krankheiten, beim Drogenkonsum, beim Eifersuchtsmord (um nur drei Beispiele für die zahlreichen Formen unseres emotional kindlichen Reagierens zu nennen).

***Körperlich erwachsen und emotional ein Kind zu sein – dieser Zwiespalt kennzeichnet unsere Gesellschaft.***

Fühlen läßt sich, wie schon erwähnt, sprachlich nur ansatzweise beschreiben. Die Sprache ist auf der Gefühlsebene nur ein mehr oder weniger passendes Hilfsmittel. Unser Fühlen läßt sich ähnlich leicht bzw. schwer beschreiben wie unser Eindruck von einem Bild Van Goghs oder einer Oper von Mozart. Physikalisch würden wir über Licht- und Schallwellen reden; auf dieser Ebene können wir den Eindruck ziemlich exakt formulieren. Aber da ist offensichtlich noch mehr!

Ich halte das bewußte Fühlen und ein verantwortungsvolles Ausdrücken dieses Fühlens für einen der wichtigsten Wege, um lebendiger und kraftvoller zu leben. Ich habe mich daher bemüht, das Wichtigste, was sich über unsere Emotionen sprachlich ausdrücken läßt, auf den folgenden Seiten darzustellen. Nach meiner Erfahrung helfen diese Gedanken und Anregungen dabei, seine Gefühle bewußter zu leben und angemessener ausdrücken zu können.

## 2. Wieso ist das Fühlen so wichtig für uns?

Unser Denken verstellt uns die Sicht für die drei grundlegenden Zusammenhänge:

### Gefühle sind mächtiger als Verstand oder Wille

***Welchen Stellenwert hat das Fühlen für Sie?***

Immer wieder wird in der psychologischen Literatur ein sehr aussagekräftiges – und sehr makaberes – Experiment eines französischen Königs beschrieben. Eine Gruppe von Babys sollte nur körperlich versorgt werden. Sie wurden ausreichend ernährt und gewickelt, in angemessenen Räumlichkeiten untergebracht und medizinisch versorgt – aber alles ohne zärtliche Berührungen und Worte, ohne getragen und in den Arm genommen zu werden, also ohne all das, was wir unter (Mutter-)Liebe zusammenfassen. Das Ergebnis war, daß alle Babys nach mehreren Monaten starben.

Nicht zuletzt deshalb schließe ich mich dem Bertelsmann Lexikon (vgl. S. 302) an, das den Gefühlen mehr Gewicht als unserem Verstand einräumt: *„Gefühle sind ein fundamentales Moment des menschlichen Seelenlebens, das dieses tiefer und grundsätzlicher formt als Verstand oder Wille."*

### Gefühle sind „die" Energie für unser Handeln

Dies ist nach dem Lexikon der Psychologie (Sp. 684) schon an der Bedeutung des Wortes erkennbar:

*Eine der stärksten subjektiven Erfahrungen der Gefühle ist der Handlungsdruck, der bestimmte Formen der Begegnung mit der Umwelt nahelegt. Der Handlungsdruck ist schon in der ethymologischen Quelle des Wortes „Emotion" enthalten: lateinisch ‚e' bedeutet „aus, heraus" und ‚movere' „bewegen".*

Gefühle sind Energie, sie bedürfen des Handelns, des Auslebens. Dies ist besonders schön beim Lampenfieber zu erkennen: Lampenfieber ist nichts anderes als Energie, die ich für meinen Ausdruck einsetzen kann, um bei den Zuhörern und -sehern Eindruck zu hinterlassen – ohne Lampenfieber (oder mit unterdrücktem Lampenfieber) gibt es weder Ausdruck noch Eindruck.

Wenn wir aus persönlichen oder gesellschaftlichen Gründen das angemessene Ausdrücken dieser Energien blockieren, suchen sie sich einen anderen Weg, eine Form, die entweder uns oder anderen schadet. Dieses Schaden ist aber nicht in unserem Fühlen begründet, sondern nur in der Form, in der wir es ausdrücken – oder nicht ausdrücken!

***Wir sind nicht für unser Fühlen verantwortlich. Sehr wohl aber sind wir für das Ausdrücken unseres Fühlens, für unser Handeln verantwortlich!***

## Gefühle sind „der“ Massstab für unser Entscheiden

Ausdrücke wie „Es stimmt“, „Genug“ oder „Ich bin o. k.“, sind nur fühlbar. Mit Argumenten, mit Denken finden wir jeweils zahlreiche Gründe für ein Zuwenig oder ein Zuviel. Denkbar ist viel, ist (fast) alles. Indem wir ein „Ich liebe dich“ und ein „Ich liebe dich nicht“ unmittelbar hintereinander aussprechen können, können wir auch beides nahezu gleichzeitig denken. Was aber wirklich stimmt, können wir nur fühlen. So habe ich früher einmal versucht, mich mit Papier, Bleistift und den verschiedensten Kriterien „bewaffnet“ zwischen zwei Freundinnen zu entscheiden. Das Ergebnis war zwar nett, aber sinnlos. Bei Arbeit, Auto, Wohnungswahl, Freundschaft – kurz, in allen wichtigen Belangen zeigt sich, daß wir unbewußt gefühlsmäßig entscheiden und danach bewußte, logische Begründungen dafür suchen – wir rationalisieren. So lautet das passende Sprichwort: „Der (unbewußte) Wunsch war der Vater des Gedankens“.

Beispiel Autokauf: Untersuchungen haben gezeigt, daß Inserate und Prospekte des gewählten Autos erst nach dem Kauf intensiv studiert werden. Der Käufer braucht nach dem Kauf Argumente wie Kraftstoffverbrauch, Sicherheitsmerkmale oder technische Details, um seine Kaufentscheidung im Büro oder am Stammtisch begründen zu können. Er hat Angst, sich lächerlich zu machen, wenn er einfach sagen würde: „Ich habe mich für dieses Auto entschieden, weil ich mich in ihm wohl gefühlt habe."

***Bemühen Sie sich oft, „logische" Gründe für Ihre Entscheidungen zu finden?***

***Welcher Gedanke beschäftigt Sie gerade, welche Aussage klingt in Ihnen nach?***

## 3. WAS SIND UNSERE WICHTIGSTEN GEFÜHLE?

Betrachten wir unsere Gefühle genauer: Wie hängen sie zusammen, welchen wichtigen Sinn und Zweck haben sie für unser Leben?

### 1. STIMMIG-SEIN

Stimmig-Sein, Heil-Sein oder Eins-Sein sind drei Versuche, unser Urgefühl zu benennen.

Anfangs erlebt ein Kleinkind nur Gefühle wie Stimmig- und Nicht-stimmig-Sein, es nimmt nur wahr, ohne vernunftmäßig zu denken. Das Sich-stimmig-Fühlen ist das Gefühl, zur richtigen Zeit am richtigen Ort zu sein. Die meisten Menschen haben es zumindest für neun Monate erlebt – abgesehen vielleicht vom Alkohol- und Nikotinkonsum oder dem Streß der Mutter während der Schwangerschaft.

***Zur richtigen Zeit am richtigen Ort das Richtige tun.***

Manchmal erhaschen wir auch als Erwachsene einen Zipfel dieses Stimmig-Seins. Wir nennen es dann Lieben, Glücklich- oder Geborgen-Sein und fühlen uns stimmig mit unserem Partner, unserem Baby, einer bestimmten Situation. Auch beim Arbeiten erfahren wir gelegentlich dieses Stimmig-Sein. Wenn „es paßt“, arbeiten wir mit Freude, Spaß, Begeisterung und sind erfolgreich. Da braucht uns niemand zu „motivieren“.

Sprenger hat in seinem ausgezeichneten Buch „Mythos Motivation“ das sogenannte Motivieren als bloßes Kombinieren von Belohnen, Belobigen, Bestechen, Bedrohen und Bestrafen entmystifiziert: als notwendige Krücken, um die mehr oder weniger große Abweichung vom Stimmig-Sein im Beruf bzw. im Unternehmen zu kaschieren (S. 15).

Unsere emotionale Basis wird in der Literatur „Selbstwertgefühl“ genannt: „*... was soviel bedeutet wie körperlich-seelische Individualität; das Selbstwertgefühl ist nicht nur ein Gefühlston, sondern stets inhaltlich vom* *positiven oder negativen Beurteilen bestimmt. Gemindertes Selbstwertgefühl kann mit Beschämungserlebnissen einhergehen oder mit Beachtungs- und Machtstreben sowie Rachegelüsten kompensiert werden.*" (Lexikon der Psychologie, Sp. 2031 ff.)

Hier klingt an, wohin das Sich-nicht-stimmig-Fühlen führen kann.

### 2. Schmerz

Auf der Gefühlsebene führt Unstimmig-Sein, Aus-dem-Lot-Sein zunächst zu Schmerz („Es tut weh"). Als Reaktion auf unseren Schmerz reagieren wir mit zwei Arten von Gefühlen: mit Wut und Trauer.

***Wut ist die nach außen gerichtete Energie, mit der wir das Gleichgewicht wieder aktiv herstellen wollen.***

***Trauer ist das nach innen gerichtete „Wundenlecken", eine Selbstheilungskraft.***

### 2.a Wut

Mit unserer Wut-Energie können wir stimmlich jemanden auffordern, uns wieder ins Lot zu rücken oder selbst aktiv versuchen, die Situation zu verändern. Leider sind in unserer Kultur Wut und Zorn stark negativ besetzt. Um nicht zu verwirren, habe ich dennoch keine andere Bezeichnung für diese wichtige Energie, die dazu dienen soll, unser Eins-Sein durch aktives Handeln wiederherzustellen, gewählt.

### 2.b Trauer

Das Gefühl, allein gelassen zu werden oder der Verlust eines nahestehenden Menschen: Trauern bedeutet, sich – welche konkrete Ursachen die Trauer auch immer haben mag – aktiv mit dem Verlust des Sich-stimmig-Fühlens auseinanderzusetzen.

Von einer geliebten Person Abschied zu nehmen schmerzt und bedeutet daher, traurig zu sein, Trauerarbeit leisten zu müssen. Da hilft kein schnelles Wegtrösten der

Trauer oder Flucht in die Ablenkung (Arbeit, Vergnügen, sofortiges Eingehen einer neuen Partnerschaft, Alkohol ...). Solange wir uns nicht angemessen verabschiedet haben, haben wir keine Energien, keinen Platz für Neues. Rührselige Sentimentalität, endloses Prozessieren um die Kinder oder um die Kochtöpfe bzw. Selbstmitleid sind kein angemessener Ersatz für das Loslassen.

Ludwig Reiter beschreibt in seinem Artikel „Krisenintervention" (vgl. Strotzka, S. 458) die zwei Arten der Trauer:

*„Charakteristisch für die normale Trauer ist es, daß in der sogenannten Trauerarbeit ein aktives Auseinandersetzen mit dem Verlust gelingt. Nach vorübergehendem Betroffensein, begleitet von Angstgefühlen, Gespanntheit, Selbstmordgedanken, durchaus auch von Wut und vegetativen Erscheinungen (z. B. Kreislaufstörungen), wird das Gleichgewicht wieder hergestellt.*

*Bei der abnormen Trauerreaktion, die länger dauert, erscheint die betroffene Person zunächst unberührt. Typisch für diesen Verlauf ist, daß die Person weiterhin ihrer Tätigkeit nachgeht („als ob nichts passiert wäre"), sich ablenkt und der Konfrontation mit dem Verlust aus dem Weg geht. So kann es nach einiger Zeit zu einem Zusammenbruch kommen."*

**_De-pression heißt soviel wie unter-drücken! Depressiv zu sein bedeutet daher, seine Gefühle zu unterdrücken. Und das kostet Kraft, die uns zum Leben fehlt._**

Wenn wir uns aber angemessen verabschiedet haben, sind wir wieder offen für neue Erfahrungen.

### 3. GEFÜHLE „ABSTELLEN"

Gelingt es uns nicht, mit unserer Wut und unserem Weinen das Gleichgewicht wiederherzustellen, wird der Schmerz dauerhafter bzw. zu intensiv, müssen wir uns vor ihm schützen. Körperlich schützt uns eine Ohnmacht vor zu starkem Schmerz. Auf der Ebene des Fühlens führt der Schutzmechanismus bei „nicht abstellbarem" Schmerz dazu, daß wir unser Fühlen abstellen. Dies kann in verschiedener Form geschehen: als Depression, Tod, Wahn oder Krankheit.

## 3.a Sehn-Sucht

Gleichzeitig entsteht das Sehnen nach diesem Stimmig-Sein, ein Gefühl, das wir erleben, indem wir uns zu etwas hingezogen fühlen.

Als Babys sind wir körperlich und gefühlsmäßig völlig abhängig. Wird dieses Bedürfnis nur auf der körperlichen, nicht aber auf der gefühlsmäßigen Ebene befriedigt, d. h., kann die emotionale Abhängigkeit nicht gelebt werden, entsteht ein intensives Sehnen, die „Sehn-Sucht". So wird man nicht selbst-ständig, weil man sein Leben lang versucht, diesen Mangel aufzufüllen und die Gefühlsbilanz auszugleichen.

***Das Sehnen kann zum Selbstzweck werden.***

Einer der wichtigsten Einflußfaktoren auf die spätere Entwicklung des Menschen scheint der Körperkontakt zwischen Mutter und Baby zu sein. Wird das Baby nicht getragen (vgl. Liedloff, S. 143 ff.), drückt sich das vielleicht am gewöhnlichsten als ein unterschwelliges Gefühl von Unstimmig-Sein im Hier und Jetzt aus. Man fühlt sich nicht ausgeglichen, sondern empfindet ein vages Gefühl des Verlustes bzw. des Hoffens und Erwartens, man will etwas, das man nicht näher bezeichnen kann. Dieses Wollen heftet sich später an die verschiedensten Gegenstände: ein neues Auto, eine Urlaubsreise oder eine elektrische Zahnbürste. Ist das Ersehnte erreicht, währt die Befriedigung nur kurz, der Gegenstand wird alsbald durch ein neues Objekt („Wenn erst nur ...") ersetzt. So war ich einmal sehr erstaunt, als mir ein Freund, der gerade von seinem Urlaub zurückgekehrt war, zwar kurz von seinen Erlebnissen erzählte, die längste Zeit jedoch davon sprach, welche Reise er für das nächste Jahr plante.

Das sehnsüchtige Erwarten (der Mutter) wird also zum Maßstab für das Sich-angemessen-Fühlen. Der Mensch wird aufrechterhalten durch das Hoffen – nicht durch das Erreichen. Viele Stars leben uns vor, daß ein Erreichen der Ziele hilflos macht und zu Drogen- und Alkoholexzessen führen kann.

Für das Ziel, den legalen und illegalen Drogenmißbrauch zu senken, wäre es ein wichtiger Fortschritt, würden die „Bekämpfer" des Drogenkonsums endlich folgenden Zusammenhang begreifen:

Nicht die Droge macht süchtig. Der Süchtige greift zur Droge.

An unseren Sehnsüchten verdienen nicht nur Verbrecher (illegale Drogen), sondern auch der Staat (Nikotin, Alkohol, Glücksspiel ...) und die Pharma-Industrie (legale Drogen).

*Nicht die Droge macht süchtig. Der Süchtige greift zur Droge.*

Unsere schlummernde Sehnsucht wird durch das Angebot von vielen Produkten und Dienstleistungen geweckt. Die Werbebotschaft verspricht uns ein Stimmig-Sein, aber natürlich nur durch das Verwenden eines bestimmten Produkts. Und wir konsumieren, wir kaufen und verbrauchen, kaufen und verbrauchen, kaufen und verbrauchen ... Um es positiv (oder zynisch) zu formulieren: Die Ersatzbefriedigungsmaschinerie schafft weltweit Millionen Arbeitsplätze.

## 3.b Angst

Wenn ich Angst fühle, bedeutet dies, daß ich durch irgendwelche Merkmale in meiner aktuellen Situation (im Aufzug eingeschlossen zu sein, im Dunkeln alleine zu sein usw.) an eine stark schmerzauslösende Erfahrung in meiner Vergangenheit erinnert werde. Auf diese Angst reagiere ich entweder mit Flucht (Panik) oder ich lähme mich, stelle mich gleichsam tot.

*Letztlich entsteht Angst.*

Wir können beispielsweise als Erwachsene Angst davor haben, von unserem Partner verlassen zu werden. Dies erinnert uns unbewußt an ein früheres, sehr schmerzliches Verlassenwerden, z. B. daran, als Kind von einem Elternteil verlassen worden zu sein. Vielleicht klammere ich mich dann ganz fest an meinen Partner, vielleicht flüchte ich vorbeugend in eine neue Beziehung („Ich bin sicherheitshalber der erste, der verläßt, bevor ich selbst verlassen werde").

Manche Menschen scheinen sehr große Angst davor zu haben, sich allein zu fühlen. Daher ertragen sie lieber die Sicherheit einer unbefriedigenden Partnerschaft, als die ungewisse Zukunft nach einer Trennung zu riskieren.

Gerade unsere Ängste zeigen uns immer wieder die engen Grenzen unseres Verstandes auf: das Wissen um die äußerst geringe statistische Wahrscheinlichkeit, mit der das befürchtete Ereignis eintreten wird, hat noch niemandem geholfen.

***Wieso heißt es „Angst-Hase"?***

## PS: Nicht alles, was so genannt wird, ist ein Gefühl

Viele Phänomene, die umgangssprachlich „Gefühle" genannt werden, sind eine Kombination von Fühlen und Denken, also kein „reines" Fühlen, z. B. Hoffnung/Hoffnungslosigkeit (sich unstimmig zu fühlen plus dem Konzept „Es wird schon"/„Es wird nicht mehr"), Eifersucht (Wut plus dem Konzept „Du mußt für mich wie meine Mutter/mein Vater da sein") oder Ungeduld (sich ärgerlich zu fühlen plus dem Konzept „Wenn sie höflich wäre, würde sie mich nicht solange warten lassen").

## 4. Wie wirkt sich die Prägung auf das Fühlen aus?

Ist es ein Zufall, daß gerade zwei Frauen, Jean Liedloff und Alice Miller, besonders die nachhaltige Wirkung der Prägung auf unser Gefühlsleben untersucht haben?

### Wie die Schwierigkeiten begonnen haben

**Denken statt Fühlen ist das Credo unserer Zeit.**

Eine der Folgen der Prägung ist, daß Fühlen durch Denken ersetzt wird. Damit verlieren wir unsere verläßlichste Orientierungshilfe. Liedloff (S. 33 f.) schreibt dazu:

*„Etwa zwei Millionen Jahre hindurch war der Mensch ein ‚Erfolg'. Er war vom Affen zum Menschen geworden und bevorzugte als Sammler-Jäger einen wohl angepaßten Lebensstil, der ihm, hätte er ihn beibehalten, sicher noch viele Millionenjubiläen beschert hätte. So wie es heute aussieht, sind sich jedoch die meisten Ökologen darin einig, daß seine Chancen, auch nur ein Jahrhundert länger zu leben, jeden Tag geringer werden.*

*In den wenigen kurzen Jahrtausenden jedoch, in denen er von jener Lebensweise allmählich abgewichen ist, an die ihn die Evolution angepaßt hatte, hat er nicht nur die natürliche Ordnung des Planeten verwüstet, sondern es auch fertiggebracht, sein hochentwickeltes, sicheres Gespür in Mißkredit zu bringen, das sein Verhalten endlose Zeiten hindurch geleitet hatte. Viel davon wurde erst kürzlich untergraben, als die letzten Schlupfwinkel unserer instinktiven Fähigkeiten ausgehoben und dem verständnislosen Blick der Wissenschaft preisgegeben wurden. Immer häufiger wird nun unser angeborenes Gefühl dafür, was am besten für uns ist, durch Mißtrauen abgeblockt, während der Intellekt, der nie viel über unsere wahren Bedürfnisse wußte, beschließt, was zu tun sei.*

*Es steht z. B. nicht dem Verstand zu, darüber zu entscheiden, wie ein Baby behandelt werden muß. Lange bevor wir einen Entwicklungsstand erreichten, der dem des Homo sapiens ähnelte, verfügten wir über hervorragend genaue Instinkte, die über jede Einzelheit der Kinderaufzucht Bescheid wußten. Wir haben jedoch alle miteinander dieses altbewährte Wissen so vollständig verwirrt, daß wir heute Forscher ganztags damit beschäftigen, herauszufinden, wie wir uns zu unseren Kindern, zueinander und zu uns selbst verhalten sollen. Unsere vernunftmäßige Ausrichtung hat uns ziemlich ratlos gemacht, und unser natürliches Gespür dafür, was gut für uns ist, ist bis zu dem Punkt untergraben, an dem wir uns dessen kaum noch bewußt sind und einen ursprünglichen Impuls von einem verzerrten kaum noch unterscheiden können.*"

***Gerade beim Erziehen unserer Kinder erleben wir häufig unsere Unsicherheit: Was ist angemessen, was nicht?***

## DAS GEFÜHLSNIVEAU WIRD GEPRÄGT

Liedloff (vgl. S. 57 ff.) beleuchtet das nachhaltige Wirken unserer ersten Erfahrungen: Was das Baby fühlt, ehe es denken kann, ist ein mächtiger Bestimmungsfaktor dafür, wie es denkt, wenn Denken möglich wird. Stimmen spätere Erfahrungen ihrem Wesen nach nicht mit denen überein, die uns geprägt haben, neigen wir dazu, sie auf Biegen und Brechen dahingehend zu beeinflussen, daß sie dieses Wesen annehmen. Ist jemand an Alleinsein gewöhnt, wird er unbewußt sein Leben so einrichten, daß er ein ähnliches Maß an Alleinsein erreicht. Versucht er selbst oder die Umwelt, ihn weitaus einsamer oder weitaus weniger einsam zu machen, wird sein Bestreben nach Stabilität Widerstand leisten. Selbst ein gewohntes Maß an Angst wird für gewöhnlich aufrechterhalten; kann doch ein plötzlicher Verlust all dessen, „worüber man sich Sorgen macht“, eine umfassendere und akutere Form von Angst hervorrufen. Für einen Menschen, der seinem Wesen nach am Rande der Katastrophe beheimatet ist, ist ein Riesenschritt in die Sicherheit nicht minder unerträglich als die Verwirklichung all dessen, was er am meisten fürchtet.

Diesen Zusammenhang bringt die folgende Fabel sehr schön zum Ausdruck:

***Wann ist es Ihnen zuletzt passiert, daß etwas Befürchtetes auch eingetroffen ist? Und was war unangenehmer – das Befürchtete oder das Fürchten?***

*Das Herz einer Maus*

*Nach einer alten indischen Fabel lebte eine Maus in ständiger Sorge, weil sie Angst vor Katzen hatte. Ein Zauberer hatte Mitleid mit ihr und verwandelte sie in eine Katze. Aber jetzt hatte sie Angst vor Hunden.*
*Also verwandelte sie der Zauberer in einen Hund. Da begann sie den Panther zu fürchten, und der Zauberer verwandelte sie in einen Panther. Nun hatte sie große Angst vor dem Jäger. Da gab der Zauberer auf. Er verwandelte sie wieder in eine Maus und sagte: „Nichts, was ich für dich tun kann, wird dir helfen, denn du hast das Herz einer Maus.“*
(Vgl. de Mello, Wer bringt das Pferd zum Fliegen, S. 87 f.)

Prägungen können Menschen emotional folgendermaßen formen (Liedloff, S. 98):

*„Menschen haben die Fähigkeit eingebüßt, Bindungen einzugehen. Sie kämpfen immer noch um das ihnen von Geburt an zustehende Recht auf Liebe , indem sie lügen, stehlen, andere Menschen brutal angreifen oder sich mit der Intensität von Blutegeln an Mutterfiguren klammern. Dabei fallen sie in infantiles Verhalten zurück, in der Hoffnung, endlich als das Kleinkind behandelt zu werden, das noch immer in ihnen lebt und nach Erfahrung hungert.*
*Diese verzweifelten Menschen werden fortbestehen, in-*

*dem sie Kinder hervorbringen, die sie nicht lieben können, die genau wie sie, nämlich ihrem Selbst entgegengesetzt, aufwachsen, die der Gesellschaft feindlich gesinnt sind, unfähig zu geben und ewig dazu verdammt, hungrig zu sein.“*

***Welcher Gedanke beschäftigt Sie gerade, welche Aussage klingt in Ihnen nach?***

## 5. Was heisst „bewusst-loses Fühlen“?

Was meine ich mit dem Schlagwort „bewußt-loses Fühlen“?

### Wir wissen nicht, wie wir uns fühlen

*„Es geht mir nur um die Sache ...“*

*In einer Konferenz hat jemand einen anderen mit einem abwertenden Kommentar „schlecht aussehen“ lassen. Der Betroffene geht erregt und mit lauter Stimme zum Gegenangriff über. Ein Dritter sagt: „Ich verstehe, daß Sie sich ärgern ...“ Der Betroffene unterbricht erregt: „Ich ärgere mich überhaupt nicht. Im Gegenteil, mich amüsiert das Ganze, es geht mir nur um die Sache!“*
(Vgl. Schulz von Thun)
Haben Sie ein ähnliches Verhalten schon erlebt?

***Nur immer „sachlich“ bleiben – als ob wir Computer wären.***

Oder betrachten wir zwei nicht so untypische Dialoge zwischen einem Berater und seinem Klienten, die sich auf die simple Frage: „Wie fühlen Sie sich?“ entsponnen haben:

*B: Wie fühlen Sie sich?*

*Variante 1.*
*K: „Ich habe Angst.“*
*B: „Empfinden Sie diese Angst in Ihrem Körper?“*
*K: „Ich glaube, sie ist hauptsächlich in den Gedanken.“*
*B: „In den Gedanken?“*
*K: „Sie ist in der Hauptsache im Kopf. Die Dinge gehen einem durch den Kopf.“*
*B: „Sie betrifft Ihren Körper nicht?“*
*K: „Ich ... ich kann es nicht sicher sagen. Sie könnte ihn betreffen. Sie könnte.“*

*B: „Ich möchte hören, was Sie fühlen, das ist alles."*
*K: Ja, nun ... ich kann es eigentlich nicht sagen."*

*Variante 2.*
*K: „Ich denke, mir geht es gut."*
*B: „Ich habe Sie gefragt, wie Sie sich fühlen und nicht, was Sie denken."*
*K: „Was meinen Sie damit – wie ich mich fühle? Ich habe Ihnen doch gerade gesagt, daß es mir gut geht."*
*B: „Ich meine, ob Sie verärgert, traurig, fröhlich, wütend oder verliebt sind."*
*K: „Ich denke, mir geht es gut."*
(Vgl. Cameron-Bandler, S. 50 ff.)

***Wir wissen sehr oft nicht, was wir fühlen. Mit unseren Standardantworten beantworten wir die entsprechende Frage auch nicht: „Es geht mir gut/schlecht" ist eine Zusammenfassung, eine Bewertung – aber kein Gefühl.***

## WIE GEHEN WIR MIT UNSERER WUT UM?

Nicht gefühlter bzw. angemessen ausgedrückter Zorn führt entweder zu unkontrollierten Wutausbrüchen oder zur „freischwebenden Ärgerbereitschaft": mein schwelender Zorn entzündet sich an jeder passenden und unpassenden Kleinigkeit. Kinder, Partner, Supermarktkassierinnen und Kellner werden wegen Kleinigkeiten angeschnauzt oder angebrüllt. Abhängig von unserer Schicht und unserem Alter werden wir Demonstranten, Querulanten, Zyniker, Demolierer, Prozessierer, Rechthaber, Schläger oder Vergewaltiger. Ein anschauliches Beispiel dazu ist die folgende Geschichte (vgl. Berne, S. 105 ff.):

*„Jetzt hab ich dich endlich, du Schweinehund!"*

*Zeller mußte in seinem Haus einige Installateurarbeiten ausführen lassen. Er besprach mit dem Installateur die anfallenden Kosten. Der Preis wurde fixiert. Als der Installateur dann seine Rechnung vorlegte, lag der*

*Endbetrag um einige Schillinge über dem vereinbarten Betrag – für ein Ventil, dessen Anbringung ursprünglich nicht vorgesehen war. Die Differenz betrug 42,- Schilling (ca. 6,- DM), bei einer Gesamtrechnung von 4200,- Schilling (ca. 600,- DM). Zeller wurde wütend und weigerte sich, die Erhöhung zu akzeptieren. Der Installateur beharrte jedoch auf der Bezahlung des Gesamtbetrages. Zeller weigerte sich, die Rechnung zu begleichen, bevor nicht die zusätzlichen Kosten gestrichen würden. Es folgten zahlreiche Telefonate und ein reger Briefwechsel. Am Ende gab der Installateur dann doch nach.*

***Wie hoch schätzen Sie Ihr Potential an „freischwebender Ärgerbereitschaft“ ein?***

Daß Zeller und der Installateur eine Art Spiel miteinander spielten, war schon bald klargeworden. Der Installateur provozierte Zeller durch die Vorlage der erhöhten Rechnung. Da er vorher Zeller sein Wort gegeben hatte, war er eindeutig im Unrecht. Zeller fühlte sich nun berechtigt, seine Wut an ihm auszulassen. Anstatt vernünftig zu verhandeln und den Ärger nur anzudeuten, nahm Zeller die Gelegenheit wahr, die gesamte Lebensauffassung des Installateurs zu kritisieren. Inhaltlich betrachtet handelte es sich hier um eine berechtigte geschäftliche Auseinandersetzung über eine bestimmte Geldsumme.

Psychologisch gesehen nützte Zeller seine zwar geringfügige, aber gerechtfertigte Reklamation („Jetzt habe ich endlich ein Recht darauf!“) aus, um jahrelang aufgestauten Wutgefühlen freien Lauf zu lassen. Als er darüber nachdachte, wurde ihm bewußt, welch heimliches Vergnügen ihm die Provokation des Installateurs bereitet hatte. Zugleich erinnerte er sich daran, daß er schon seit frühester Kindheit ähnliche Fälle von Ungerechtigkeit herbeigesehnt und sie mit Vergnügen genossen hatte.

## TRAUERN WIR ANGEMESSEN?

Eine Bekannte erzählte von ihrer Scheidung. Ihr Mann hatte sich in eine jüngere Frau verliebt und war kurz darauf zu ihr gezogen. Ein langwieriger Scheidungsprozeß um die Vermögens- und Kinderaufteilung folgte. Jetzt, nach einem Jahr, wäre sie froh über ihre Unabhängigkeit. „Ich bin jetzt glücklich und denke gar nicht mehr an ihn", sagte sie – und dabei traten Tränen in ihre Augen.

***Erst wenn wir uns angemessen verabschiedet haben, sind wir offen für das Neue.***

Unser Umgehen mit Trauer nimmt sehr sehr oft folgende Formen an:

- ein schnelles Wegtrösten der Trauer durch die Flucht in eine neue Beziehung, die dann „überraschenderweise" nach kurzer Zeit ebenfalls zu Ende ist;
- ein Flüchten in die Ablenkung (Arbeit, Vergnügen, Alkohol);
- ein Ergehen in rührselige Sentimentalität (Selbstmitleid);
- ein nicht Loslassen, nicht Wahrhabenwollen (endloses Prozessieren, bei dem es in Wirklichkeit häufig nicht um die Sache geht – vielmehr soll der Partner geärgert werden, oder der Prozeß dient dazu, noch länger mit ihm in Kontakt zu bleiben).

## WIE BEFRIEDIGEN WIR UNSERE SEHNSUCHT?

Wir erleben einen ewigen Sog, der sich, wenn wir körperlich erwachsen sind, in den verschiedensten Süchten ausdrückt. Damit bleiben wir abhängig – allerdings nicht mehr von der leiblichen Mutter, sondern von der Droge, vom Partner, vom Konsum, vom Sozialstaat, der anonymen Mutter bzw. dem anonymen Vater – wer auch immer uns versorgen soll. Wir machen diese Personen und Dinge verantwortlich, statt selbst verantwortlich zu werden.

Unser Süchtig-Sein kann daher zahlreiche Formen annehmen: Drogen-, Medikamenten-, Konsum-, Eß-, Mager-, Putz- oder Arbeitssucht. Statt an der Mutterbrust saugen wir nun an der Zigarette, an unserem Sozialhelfer, an unserem Partner, an unseren Kindern; ein Ersatz, der uns kurzfristig zufriedenstellt, aber das dahinterliegende Bedürfnis nicht befriedigen kann. Deshalb beginnt der Ersatzbefriedigungskreislauf immer wieder von vorne.

***Kommt „Sucht" von Suchen?***

***Welcher Gedanke beschäftigt Sie gerade, welche Aussage klingt in Ihnen nach?***

## 6. Machen uns andere Menschen wütend oder traurig?

Wir fühlen uns gekränkt, wenn wir bei einer Verabredung versetzt werden, freuen uns, wenn wir in eine neue Position wechseln, haben Angst, einen Vortrag zu halten – es scheint, daß Situationen unsere Gefühle bestimmen. Wir bemerken jedoch immer wieder, daß andere Menschen in denselben Situationen anders reagieren: Manche Menschen reagieren wütend, manche gleichgültig, wenn sie versetzt werden, manche zeigen Angst und Unsicherheit vor einer neuen Position oder Aufgabe oder genießen es, einen Vortrag zu halten: es sind also nicht die Umstände (oder andere Menschen), sondern unsere eigenen Konzepte, die bestimmen, welches Gefühl ein anderer Mensch, eine bestimmte Situation in uns auslösen.

***Hier geht es um eines der größten und weitverbreitesten Mißverständnisse in unseren Beziehungen!***

Wir erleben, daß andere Menschen scheinbar unsere Gefühle bestimmen, und hören oft Sätze wie „Mein Mann macht mich ärgerlich", „Mein Kind macht mich traurig" usw. Die Grundannahme heißt: Ein Mensch löst in einem anderen ein Gefühl aus. In dem Modell, daß ich Ihnen vorschlage, sieht die Situation anders aus. Ich gehe davon aus, daß es unmöglich ist, als Mensch in einem anderen Menschen Gefühle zu erzeugen.

Tatsächlich ist die Situation so, daß eine Person handelt und eine zweite Person reagiert, es aber keine notwendige Verbindung zwischen der Handlung der einen Person und der Reaktion der anderen gibt.

Wir fühlen uns aber durch andere Personen beeinträchtigt – wieso? Weil hier dasselbe Prinzip wirkt, durch das wir Aspekte unserer Persönlichkeit in Steinen, Tarot-Karten oder einem Kunstwerk „erkennen" können – das sogenannte „Projezieren". Durch unser Projezieren lösen andere Personen genau die in uns schlummernden Gefühle aus, mit denen wir uns nicht auseinandersetzen wollen:

Jemand erinnert mich durch eine Äußerlichkeit (Sprechweise, Frisur, Gesichtsform) an eine wichtige Person aus meiner Vergangenheit (z. B. Mutter, Vater oder Bruder). Unbewußt reagiere ich gefühlsmäßig auf diese Person, als ob sie jene aus meiner Vergangenheit wäre. Ein Beispiel: Ich liege ständig mißtrauisch auf der Lauer, ob mich mein Chef mißbilligend beurteilen wird, so wie es mein Vater getan hat, d. h. ich projeziere Gefühle, die ich eigentlich gegenüber einer anderen Person empfinde, auf einen unbeteiligten und daher unschuldigen Dritten.

***Ja, ja – ich bin schon ein Armer. Alle sind so böse zu mir.***

Wenn ich Menschen kennenlerne, sollte ich mir diese Tatsache bewußt machen. So vermindere ich die allgegenwärtige Gefahr, die neue Beziehung mit alten, unerledigten Konflikten zu belasten. Besonders in hierarchischen Beziehungen (zu Lehrern oder Vorgesetzten) projezieren wir fast automatisch Gefühle aus früheren Abhängigkeiten, i. d. R. die, die wir gegenüber unseren Eltern fühlten bzw. fühlen: Zorn, Ohnmacht, Vertrauen und Anhänglichkeit. Damit kann bequem die Verantwortung für bestimmte Gefühle bzw. Handlungen jenen Menschen oder Kräften, die außerhalb des eigenen Kontrollbereichs liegen, zugeschrieben werden, und schon glaubt und behauptet man, das Opfer einer „bösen Tat“ geworden zu sein.

*Ein Beispiel aus der Partnerberatung:*

Während einer Urlaubsreise war folgendes vorgefallen: Während der Mann etwas unternehmen wollte, lag seine Frau am Strand und las Illustrierte. Aufgebracht beschimpfte er sie mit den Worten: „Stinkfaul bist du!“ – und der schönste Streit war im Gange …

Im folgenden Gesprächsausschnitt zwischen dem Berater und dem Mann soll der dahinterliegende Kern ans Licht gebracht werden:

B: „Wie ist es für Sie, wenn Ihre Frau da im Sand liegt?“

M: „Schrecklich, sie ist so passiv und vergeudet die schöne Urlaubszeit. Man könnte so viel unternehmen."

B: „Die Welt hat so viel zu bieten, und sie vergeudet die schöne Zeit – kennen Sie das von sich selbst?"

M: „O ja, früher ging es mir oft so, daß ich mit mir nichts anzufangen wußte und irgendwo herumgammelte."

B: „Und wie war das für Sie?"

M: „Es war die Hölle, ich habe mich verachtet."

***Nicht „Du kränkst oder ärgerst mich", sondern „Ich lasse mich kränken bzw. ärgern".***

## Der Partner ist (nur) unser „Spiegel"

Er wird dafür „geprügelt", daß er in mir schlummernde Gefühle wachruft, mit denen ich mich nicht auseinandersetzen will – oder (um die Liebe etwas zu entmystifizieren) ich erkenne unbewußt im Partner Verhaltensweisen und Eigenschaften, die ich gerne auch hätte: dann liebe ich ihn. In beiden Fällen geht es nur um mich, um meine Entwicklung!

Auf der gesellschaftlichen Ebene zeigen uns militante Friedens-„kämpfer", Umweltschützer und religiöse Fanatiker die Auswirkung dieses Prinzips. Sie „erkennen" in staatlichen und wirtschaftlichen Organisationen bzw. deren Vertretern den Feind, der bekämpft werden muß. Politischer oder religiöser Fanatismus ist nichts anderes als ein blindes, unbewußtes Ausleben unbewußter Aggressionen, das ideologisch rationalisiert wird.

## 7. Was bedeutet es, „emotional erwachsen“ zu sein?

Wir durchlaufen drei Stufen emotionaler Entwicklung:

### 1. Das Abhängig-Sein

Zunächst sind wir körperlich, gefühlsmäßig und gedanklich abhängig von unseren Bezugspersonen. Wir können uns nur durch sie stimmig und heil fühlen. In der Phase der Abhängigkeit akzeptieren wir das Entscheiden und Handeln unserer Bezugspersonen. Wir sagen: „Du weißt, was für mich passend ist“ oder „Ich mache das, was du willst.“

### 2. Das Gegenabhängig-Sein

Mit der sogenannten Trotzphase und der Pubertät bezeichnen wir die nächste Phase, die der Gegenabhängigkeit. Um unsere Identität zu entwickeln, müssen wir uns von unseren Bezugspersonen abgrenzen. Wir sagen: „Du weißt nicht, was für mich passend ist“oder „Ich mache das Gegenteil von dem, was du willst.“

Beispiele: das „Nein“ unserer Kinder zum Zähneputzen, Anziehen, Ausziehen, Zusammenräumen, zur Pünktlichkeit. Nur über dieses Abgrenzen erreichen wir unser Unabhängig-Werden.

### 3. Das Unabhängig- (oder Erwachsen-) Sein

In dieser Phase werden wir unabhängig und stehen eigenverantwortlich auf unseren Füßen. Nachdem wir Erwachsen geworden sind, können wir ein gleichberechtigtes, partnerschaftliches Verhältnis zu unseren Bezugspersonen aufbauen. Wir sagen: „Ich weiß, was für mich passend ist“, „Ich mache das, was ich will – gerne auch nach Absprache mit dir.“

Soviel zum Theoretischen. Praktisch stecken aufgrund unserer Prägung mehr oder weniger große Teile unserer Persönlichkeit noch in Phase 1 und/oder 2. Unsere Prägung ist eine spezielle Mischung von

- zuviel
  - ❑ erstickender Bevormundung („Affenliebe") bzw.
  - ❑ unterdrückender Gewalt (Kasernenhof-Drill) und/oder
- zuwenig
  - ❑ Zuwendung („Er könnte sonst verwöhnt werden!") bzw.
  - ❑ Halt („Laissez faire").

***Wie drückt es Watzlawick so schön aus? Erwachsen zu sein bedeutet, etwas zu tun, obwohl es die Eltern von einem verlangt haben.***

Daher sind wir als „Erwachsene" zwar körperlich älter, ein bißchen klüger, aber emotional noch immer abhängig bzw. gegenabhängig. Wir verhalten uns in vielen Fällen wie zwei-, drei- oder sechsjährige Kinder. Wir wiederholen leidend genau das, was wir erlebt haben und/oder machen genau das Gegenteil davon – d. h., wir gehen gleichsam im Kreis –, bis wir uns dessen bewußt werden.

## Gibt es eine Hilfe für uns, wenn wir emotional erwachsen werden wollen?

Meiner Erfahrung nach bedarf es sogar der Hilfe durch einen neutralen Außenstehenden, eines Therapeuten bzw. eines Lebens- und Sozialberaters, um unsere Prägung aufarbeiten zu können. Wir können uns nicht selbst an den Haaren aus dem Sumpf ziehen. Eine Psychotherapie ist nichts anderes als Hilfe zur Selbsthilfe. Ich kann sie mir jetzt holen – nicht erst in Form einer Alkohol- oder Drogenentzugstherapie oder nach einem Herzinfarkt im Rehabilitationszentrum.

Mit therapeutischer Unterstützung fällt es mir viel leichter,

- mein Geprägt-Sein zu erkennen,
- die damit verbundenen, festgehaltenen „alten" Gefühle des Schmerzes, der Wut, der Trauer, der Angst und des Sich-Sehnens angemessen auszuleben und
- mich damit mit mir selbst und den konkreten Bezugspersonen wieder stimmig zu fühlen.

***Ich halte es für einen Ausdruck von Stärke sich Hilfe zu holen oder sich beraten zu lassen!***

Ein Beispiel dazu aus eigener Erfahrung: Erst wenn ich meine Mutter in Gestalt einer Matratze mit dem Tennisschläger ordentlich verprügelt, meinen Vater in Gestalt eines Handtuches kräftig gewürgt habe, kann ich mich in der Realität mit ihnen versöhnen und als Erwachsener Zuneigung und Liebe spüren sowie es genießen, sie zu umarmen oder ihre Vorschläge anzunehmen.

Dieses von mir pointiert formulierte – und Ihnen möglicherweise suspekt erscheinende – Vorgehen findet täglich weltweit tausendmal statt. Es setzt damit blockierte Energien frei und vermindert die Gefahr, daß die jahrelang aufgestauten Gefühle unangemessen an lebenden Personen, Tieren oder Dingen ausagiert (ausgelebt) oder gegen sich selbst gerichtet werden.

Erst wenn wir uns unsere mangelnde emotionale Entwicklung bewußt machen und sie im Alter von 30, 50 oder 70 Jahren nachholen, können wir von uns behaupten, wirklich erwachsen zu sein. Damit wird vieles, das uns heute noch Kummer und Sorge bereitet, wie von selbst wegfallen, und wir werden unser Leben mit ungeahnten Energien genießen können.

## 8. GEFÜHLE ANGEMESSEN AUSDRÜCKEN – ABER WIE?

### UNSER GEFÜHLSLEBEN IST ALSO ZIEMLICH IN UNORDNUNG

*„Menschen, denen es von Anfang an in der Kindheit möglich und erlaubt war, auf die ihnen bewußt oder unbewußt zugefügten Schmerzen, Kränkungen und Versagungen angemessen, d. h. mit Zorn, zu reagieren, werden diese Fähigkeit der angemessenen Reaktion auch im reifen Alter behalten. Als Erwachsene werden sie es spüren und verbal ausdrücken können, wenn man ihnen weh getan hat. Sie werden jedoch kaum das Bedürfnis haben, den anderen deshalb anzugreifen. Dieses Bedürfnis kommt nur bei Menschen auf, die immer auf der Hut sein müssen, daß ihre Staudämme nicht brechen. Wenn diese brechen, werden sie unberechenbar.*

*So ist es begreiflich, daß ein Teil dieser Menschen aus Angst vor unberechenbaren Folgen jede spontane Reaktion fürchten muß und daß es beim anderen Teil in „unverständlichem Jähzorn" zu gelegentlichen Entladungen auf Ersatzpersonen bzw. zu Gewaltakten in Form von Mord und Terroranschlägen kommt. Ein Mensch, der seinen Zorn als einen Teil von sich selbst verstehen und integrieren kann, wird nicht gewalttätig. Jemand hat nur dann das Bedürfnis, den anderen zu schlagen, wenn er seine Wut eben nicht begreifen kann und wenn er mit diesem Gefühl als kleines Kind nicht vertraut werden durfte, weil dies in seiner Umgebung undenkbar war."* (Miller, S. 84)

***Das angemessene Ausdrücken ist die zweite Seite unseres Fühlens.***

Wir lesen und hören täglich in den Nachrichten, welche Auswirkungen die sogenannten Affekthandlungen, die Ausbrüche eines (zu) lange aufgestauten Gefühlsausdrucks, haben können: Mütter und Väter töten ihre Kinder und umgekehrt, Männer töten ihre Frauen und umgekehrt. Abgesehen von diesen Spitzen ist „der ganz normale Wahnsinn“ des unangemessenen Ausdrückens unserer Gefühle täglich in unseren Familien, an unseren Arbeitsplätzen und im Straßenverkehr erlebbar. Dies ist nur die eine Seite. Die andere Art, Gefühle unangemessen auszuleben, ist die, sie gegen sich selbst zu richten: vom Selbstmord bis zum Magengeschwür, von der Allergie bis zum Herzinfarkt, von Ischiasbeschwerden bis zur Krebserkrankung.

*Haben wir Gefühle oder „haben“ die Gefühle uns?*

Durch das Unterdrücken und Aufstauen unseres Gefühlsausdrucks verhalten wir uns wie

* Druckbehälter: je länger wir aufstauen, umso heftiger wird das Entladen, das Explodieren, bzw. wie

* Pendel: je heftiger der Ausschlag auf die eine Seite ist, umso heftiger wird es auf die andere Seite zurückschwingen. Der mächtige und despotische Chef wird nächtens zum devoten Sklaven, der „kleine“ Arbeiter oder Angestellte wird mit seinem Auto „bewaffnet“ oder abends beim Partner, Kind oder Tier zum Starken und Mächtigen.

## Das Unterdrücken unserer Gefühle kostet unsere Kraft und Lebensfreude

Wenn wir den angemessenen Ausdruck durch unsere Verspannungen blockieren und unterdrücken, müssen wir dazu Energien einsetzen, die uns dann an anderer Stelle fehlen. Darum ist es ein wesentliches Kennzeichen der Depression, sich lustlos und antriebslos zu fühlen.
Der Depressive gebraucht den größten Teil seiner Lebensenergie dazu, seine vitalen Gefühle zu unterdrücken – und hat so zum Leben vielleicht nur mehr zwei bis fünf Prozent seines Kraftpotentials zur Verfügung.

## Sollen wir wirklich unsere Wut spüren?

... und sie vielleicht auch ausdrücken? Was würde Entsetzliches passieren, wenn jeder so verfahren würde?
Aggressionen sind auch dann da (schlummern in uns), wenn wir sie nicht sehen wollen. Sie werden, wenn wir sie uns bewußt machen, weder größer noch schlimmer.

***Richten Sie Ihren Gefühlsausdruck eher gegen sich oder gegen andere?***

Ich fühle bewußt meinen Zorn und suche eine Form, ihn auszudrücken, die weder mir noch anderen schadet:
z. B. im Sport, durch Schreien, wenn ich allein im Auto bin oder durch das „Verprügeln" einer Matratze. Ich kann eine Puppe (statt dem schreienden Kind) an die Wand werfen, weinen oder Holz hacken. Ein Beispiel (vgl. L. Cameron-Bandler, S. 62):

*Puma statt Xanthyppe*

*Stellen Sie sich vor, daß Ihr heranwachsender Sohn in der Küche endlose Telefongespräche führt und diese Marathonunterhaltungen Sie immer wieder aus Ihrer Ruhe und Ihren Überlegungen reißen. Schilderungen, Wortwahl, bestimmte Ausdrücke stören und ärgern Sie immer wieder. Eine Frau, die in dieser Lage war, schluckte gewöhnlich ihren Ärger solange, bis sie irgendwann explodierte. Oft beschimpfte sie dann ihren Sohn wütend wegen irgendeiner Kleinigkeit, die gar nichts mit dem ursprünglichen Ärgernis zu tun hatte.*
*Später schämte sie sich dafür. Die Familie hielt sie für aufbrausend, das Verhalten des Sohnes für vernünftig. Eines Tages kam sie auf die Idee, ihren Ärger anders auszudrücken. Wenn sie sich nun durch ein Telefonat gestört fühlte, begann sie wie ein Puma zu knurren und zu pfauchen. Diese Reaktion erwies sich als effektiver (und exzentrischer) als zu schreien, zu jammern und zu*

*nörgeln – und sie war allen Familienmitgliedern angenehmer. Diese waren froh, vom Schreien, Jammern und Nörgeln verschont zu werden.*

Drücken Sie nicht nur die schwierigen Aspekte des Gefühlsspektrums angemessen aus! Ganz besonders schlage ich Ihnen vor, auch Lust, Liebe und andere Impulse genußvoll auszuleben:

***Nicht nur Wut und Trauer angemessen ausleben – besonders auch Freude, Liebe und Lust!***

### WANN WERDEN SIE DAS NÄCHSTE MAL EINFACH „DIE TROMMEL SCHLAGEN“?

Liedloff (vgl. S. 184) erzählt:
*Einmal sah ich voller Erstaunen einen Yequana-Indianer den spontanen Entschluß durchführen, auf den Gipfel des Hügels zu klettern, der das Dorf überragte, um dort eine Trommel zu schlagen und aus voller Kehle eine gute halbe Stunde lang zu schreien, bis sein Impuls befriedigt war. Er hatte aus Gründen, die nur ihm bekannt waren, einfach Lust dazu und tat es ohne ersichtliche Sorge darüber, was die Nachbarn denken würden, obwohl es sich dabei um etwas handelte, was „man gewöhnlich nicht tut“. Meine eigene Überraschung rührte daher, daß ich das ungeschriebene Gesetz meiner Gesellschaft nie in Frage gestellt hatte, demzufolge geistig gesunde Mitglieder der Gemeinschaft ihre sonderbaren oder irrationalen Impulse unterdrücken sollen, um zu vermeiden, daß man ihnen mit Angst oder Mißtrauen begegnet. In unserer Kultur dürfen sich nur die berühmtesten Personen weniger angepaßt verhalten – aber auch erst, nachdem sie berühmt sind.*

Sollen wir wirklich solange warten?

## 9. Zusammenfassung

Auch wenn wir unsere Gefühle übersehen, überhören, sie uns nicht bewußt machen, aus (vermeintlichen) Sachzwängen entscheiden und handeln, sind sie in uns trotzdem wirksam – allerdings unbewußt. Da sie eine Energie darstellen, die ausgedrückt werden will, suchen sie sich einen anderen Weg. Dies führt dazu, daß wir sie häufig unangemessen gegen uns richten. Sie zeigen sich körperlich in Form einer Magenverstimmung bis hin zum Magengeschwür („etwas in sich hineinfressen"), in Form eines Hautausschlags oder von Asthma. Ängste zeigen sich als Phobien, die unser Handeln einschränken. Unser Suchtverhalten kann uns ökonomisch und gesundheitlich beeinträchtigen.

***Haben Sie heute schon gelacht?***

Wut richten wir sehr oft unangemessen gegen andere: Wir sind zynisch, sarkastisch oder spöttisch. Konflikte im Arbeitsleben werden an den Kindern ausgelassen. Klassische Verhaltensweisen sind auch das Abreagieren unserer Wut beim Autofahren oder das aggressive Demonstrieren, das offiziell einem guten Zweck dient, in Wirklichkeit aber nur dazu benutzt wird, die aufgestaute Wut an harmlosen Polizisten, Schaufenstern und Autos auszulassen.

Daher: Fühlen wir bewußter und drücken wir diese Impulse angemessen und verantwortungsvoll aus.

## 10. ZEHN + 1 FRAGE

(Es gibt keine „falsche" oder „richtige", keine „gute" oder „schlechte" Antwort! Bedenken Sie bitte nur: Sie können jeden Menschen auf der Welt anlügen – gefährlich wird es nur, wenn Sie sich selbst anlügen.)

1. Wie fühlen Sie sich im Moment?

2. Haben Sie die obige Frage in Form einer Bewertung beantwortet?

3. Ist Ihre Antwort vielleicht ein „gar nicht" gewesen?

4. Wie würde ein sehr guter Freund Ihr Gefühlsleben und das Ausdrücken Ihres Fühlens im Alltag beschreiben?

5. Und Sie? Wie würden Sie Ihr Fühlen und das Audrücken Ihrer Gefühle charakterisieren?

6. Eine Frage speziell für die Leserinnen: Wie intensiv drücken Sie Ihre Wut aus?

7. Eine Frage speziell für die Leser: Wann haben Sie das letzte Mal geweint?

8. Wie schnell reagieren Sie trotzig bzw. beleidigt?

9. Wie intensiv leben Sie Ihre Lust?

10. Wann bzw. in welcher Situation haben Sie sich das letzte Mal so richtig stimmig, eins mit sich und Ihrer Umwelt gefühlt?

## Die zusammenfassende „TÜV-Pickerl-Frage“:

Wenn Sie die verschiedenen Facetten Ihres emotionalen Seins Revue passieren lassen – wie sehr sind Sie mit Ihrem heutigen Bewußtseinsstand auf dieser Ebene zufrieden?

(wenig) 1 2 3 4 5 6 7 8 9 10 (sehr)

# 3. Die gedankliche Ebene:

## Gedanken und ihre Folgen

1. Zum Einstimmen
2. Wie wirkt sich die Prägung auf unsere Gedanken aus?
3. Wie behindern wir uns selbst durch „bewusst-loses Denken“?
4. Was ist „wirklich“ wirklich?
5. Wer verkauft sein Glauben als Wirklichkeit?
6. Wie verhindern wir, dass wir etwas Neues lernen?
7. Mit welchen Mechanismen erreichen wir Erfolg – oder Leid?
8. Wie erkenne ich meine Glaubenssätze?
9. Zusammenfassung
10. Zehn + 1 Frage

## 1. ZUM EINSTIMMEN

Ich gehe hier nicht auf den Verstand, den Willen und unser Wissen ein. Diese sind, wie sie sind: vielleicht zufriedenstellend, vielleicht lückenhaft, vielleicht besonders ausgeprägt – egal. Im Alltag sind es die Konzepte, die Glaubenssätze, durch die wir uns – meist unbewußt – behindern und einschränken. In jedem Menschen stecken viele Überzeugungen, bewußte und unbewußte, solche, die für unsere Entwicklung förderlich sind und viele, die uns zahlreiche Möglichkeiten gar nicht wahrnehmen lassen.

***Menschen urteilen und entscheiden immer nur subjektiv.***

Mit unseren Glaubenssätzen lenken wir unser Leben, legen wir fest, welche Chancen wir sehen und wie wir sie nutzen. Diese Konzepte wirken auf unser

- körperliches Sein: unsere Einstellungen zu „Wehwehchen", Krankheiten und Medikamentenkonsum;
- Fühlen: „Ein Bub weint nicht", „Gefühle zu zeigen bedeutet Schwäche", „Reiß dich zusammen, beiß die Zähne zusammen!", „Ein Indianer kennt keinen Schmerz!", „Das haben schon andere ausgehalten!", „Alles, was uns nicht zerbricht, macht uns härter!", „Das Kreuz mußt du tragen, das gehört zum Leben!" usw.

Die „nicht linientreuen Gefühle", die nicht „ins Konzept passen", blenden wir aus: Enttäuschungen und Verdruß passen nicht in mein Konzept des Verliebtseins; Ärger und Haß nicht zum Selbstbild eines „friedfertigen und verständnisvollen Familenvaters"; Eifersucht paßt nicht in das Konzept eines Menschen, der in Beziehungen keine Besitzansprüche gelten lassen will; ebensowenig wie sich Traurigkeit mit der Vorstellung eines „lustigen Vogels, der alles mit Humor nimmt", kombinieren läßt.

- Bezogen-Sein: „Über die eigenen Probleme spricht man nicht, damit belästigt man niemanden!", „Der Mann/Die Frau haben sich ... zu verhalten", „Der Partner muß ...";

- gesellschaftliches Handeln: „Ich gehe nicht zur Wahl, weil es sinnlos ist, wählen zu gehen" oder „Die Politiker sind alle ...", „Ich suche keinen neuen Arbeitsplatz, weil ich ohnehin keinen finden werde" usw.

Das bedeutet, zu erkennen, daß wir uns unsere Wirklichkeit – die wir für die Wirklichkeit halten – selbst konstruieren. Die physikalische Welt ist, wie sie ist – wir schreiben ihr jedoch aufgrund unserer Glaubenssätze Bedeutung zu und halten dann sehr oft unsere subjektive Sichtweise für eine objektive Tatsache. Anders ausgedrückt: wir versuchen, die Speisekarte statt der Mahlzeit zu verzehren.

***Das berühmte Beispiel mit dem halbvollen Wasserglas: richte ich meine Aufmerksamkeit darauf, was (noch) möglich ist – oder darauf, was nicht(mehr) möglich ist?***

Da wir uns offensichtlich eine Wirklichkeit konstruiert haben, in der wir nicht immer glücklich sind, halte ich es für besonders wichtig, uns bewußt zu machen, daß wir – innerhalb des breiten Rahmens der physikalischen und sozialen Welt – „unseres Glückes Schmied sind". Ich gehe davon aus, daß nicht die Welt an sich begrenzt ist, sondern daß wir uns durch unsere Glaubenssätze einschränken. Wer dies erkennt, wird Freiräume und Chancen erkennen, die er bis jetzt noch nicht sehen konnte, die er bis jetzt nicht für möglich gehalten hätte. Erkennen wir, daß die Fesseln, die wir uns durch unsere Glaubenssätze anlegen, selbst fabriziert sind – und daß wir uns selbst entfesseln können.

## 2. Wie wirkt sich die Prägung auf unsere Gedanken aus?

Eine alte Fabel:
*Zwei Frösche fielen in einen Milchtopf. Der eine Frosch schrie: „Ich ertrinke", streckte alle viere von sich und ertrank. Der andere strampelte, trat die Milch und fand sich erschöpft, aber ganz lebendig auf einem Haufen Butter wieder.*

***Wenn ich daran glaube, daß ich etwas tun kann, dann kann ich es auch. Halte ich dagegen an dem Glaubenssatz: „Das kann ich nicht!" fest, werde ich es auch nicht können.***

Unsere grundlegensten Konzepte sind durch die Prägung geformt worden. Wir erleben Schmerzen und Einschränkungen nicht deswegen, weil die Welt zuwenig vielfältig ist, sondern weil unsere Konzepte verarmt, verzerrt und eingeschränkt sind. Daher sehen wir keine oder zu wenige Wahlmöglichkeiten – und nicht deshalb, weil wir schlecht, verrückt oder krank wären (vgl. Bandler und Grinder).

Viele Versuche mit Placebo-Medikamenten belegen die Kraft der Glaubenssätze – oder, wie es die Spitzensportler ausdrücken: „Das Match habe ich im Kopf verloren." Egal, ob es darum geht, abzunehmen, sich gesund zu ernähren, mit dem Rauchen aufzuhören, Unstimmigkeiten in der Partnerschaft zu klären oder darum, das eigene Wohlbefinden zu erhalten – in all diesen Bereichen weiß ich, was ich tun sollte. Ich habe es oft genug gehört und gelesen – und „kann" mich nicht ändern. Daher wird Üben und Trainieren erst dann nachhaltig erfolgreich sein, nachdem ich meine Glaubenssätze geändert habe („mein Match im Kopf gewonnen habe"). Beispielsweise ist ein rhetorisches Verhaltenstraining weitgehend wirkungslos, wenn ich glaube, ein schlechter Redner zu sein.
Erst nachdem ich meinen Glaubenssatz geändert habe, ist ein Verhaltenstraining zielführend.

## 3. Wie behindern wir uns selbst durch „bewusst-loses Denken“?

*„Wehre dich doch!“*

*Eine Angestellte fühlt sich von ihrem Vorgesetzten von oben herab („wie der letzte Dreck“) behandelt und ausgenutzt. Ihr Partner sagt: „Du darfst dir das nicht bieten lassen! Sag ihm einfach deine Meinung.“ Darauf die Frau: „Ich bring' es nicht fertig. Wenn ich etwas sagen will, kriege ich schon vorher starkes Herzklopfen und bringe dann kein Wort heraus.“ Der Mann erwidert: „Du mußt versuchen, ganz ruhig zu sein! Der kann dir doch gar nichts anhaben ...“* (Vgl. Schulz von Thun, S. 215)

***„Vernünftige“ Argumente haben noch niemandem geholfen!***

So vernünftig die Argumente des Mannes auch sind: die persönlichen bzw. zwischenmenschlichen Schwierigkeiten sind nicht mit verstandesmäßiger Vernunft und Logik lösbar. Rat-„Schläge“ erreichen daher meist das Gegenteil: ein erneutes Begegnen mit dem eigenen Unvermögen und eine verstärkte Entmutigung.

***Die Wurzeln unserer Schwierigkeiten***

Erziehungskonzepte werden über Generationen „vererbt“ (vgl. Miller, S. 78 f.): Eltern, die als Kinder verlernt haben, ihre eigenen Bedürfnisse zu spüren und ihre Interessen zu verteidigen, weil ihnen kein Recht darauf eingeräumt wurde, bleiben darin ihr Leben lang orientierungslos und deshalb auf feste Erziehungsregeln angewiesen.

Dies führt aber trotz aller Regeln zu einer großen Verunsicherung des Kindes. Ein Beispiel: Ein Vater, der sehr früh zum Gehorsam angehalten wurde, wird meist sein Kind grausam und gewalttätig zum Gehorsam zwingen, um hier zum ersten Mal in seinem Leben seine Bedürfnisse nach Respekt durchzusetzen. Doch dieses Verhalten schließt nicht aus, daß dazwischen Perioden liegen, in denen derselbe Vater sich alles gefallen läßt, weil er nie gelernt hat die Grenzen seiner Toleranz zu verteidigen. So wird er aus Schuldgefühlen wegen seiner vorangegangenen, ungerechten Züchtigung plötzlich ungewöhnlich gewährend. Das Kind erlebt die Ungewißheit über das echte Gesicht seines Vaters und wird verunsichert.

***Erziehen mit Konzepten statt Erziehen mit Gefühl.***

Wenn die Eltern sehr früh in ihrem Leben lernen mußten, ihre eigenen Gefühle zu überhören, sie nicht ernstzunehmen, ja sie zu verachten oder zu verspotten, so wird ihnen das wichtigste Sensorium im Umgang mit ihren Kindern fehlen. Als Ersatz dafür werden sie versuchen, erzieherische Prinzipien als Prothesen einzusetzen. So werden sie unter Umständen Angst haben, ihre Zärtlichkeit zu zeigen, in der Meinung, daß sie damit das Kind verwöhnen, oder sie werden in einem anderen Fall ihr eigenes persönliches Gekränktsein verstecken.

Eine ähnliche Situation ergibt sich, wenn Kinder wie in der „antiautoritären" Erziehung darauf gedrillt werden, ein bestimmtes Verhalten anzunehmen, das sich ihre Eltern selbst einmal gewünscht haben. Die eigentlichen Bedürfnisse des Kindes können dabei vollständig übersehen werden.

Durch derartige Prägungen entstehen Glaubenssätze wie:

- Hoffnungslos sein: Etwas ist nicht (mehr) möglich („Ja, wenn ich früher ...").
- Hilflos sein: Es ist zwar möglich, aber ich kann es nicht, ich bin nicht gut genug.
- Wertlos sein: Vielleicht ist es möglich, vielleicht könnte ich es, aber ich verdiene es nicht, ich bin nicht so viel wert. Ich bin nicht liebenswert, darum muß ich soviel leisten.

Machen wir uns diese Konzepte bewußt – um sie ändern zu können.

## 4. WAS IST „WIRKLICH" WIRKLICH?

*Die Grotte*

*Ein Räuber, ein Künstler, ein Geizhals und*
*ein Weiser waren zusammen auf Reisen.*
*Sie kamen dabei zu einer Grotte.*
*Der Räuber sagte:*
*„Welch großartiger Unterschlupf!"*
*Der Künstler sagte:*
*„Welch wunderbarer Raum für Wandgemälde!"*
*Der Geizhals sagte:*
*„Welch einmaliger Ort zum Verstecken eines Schatzes!"*
*Der Weise aber sagte:*
*„Welch prachtvolle Grotte!"*

*Chinesische Parabel*

***„Wirklichkeit" und „Wahrheit" – zwei Schlagworte, die sehr häufig mißbraucht werden.***

Die wohl wichtigste, aber meist nicht bewußt wahrgenommene Leistung unseres Gehirns ist das – weitgehend unbewußte – Konstruieren unserer Wirklichkeit. Der Kommunikationswissenschafter Paul Watzlawick (Wie wirklich ist die Wirklichkeit, S. 84 f. und 142 ff.) hat in seinen Büchern immer wieder sehr anschaulich und nachvollziehbar beschrieben, wie wir unsere individuelle Wirklichkeit in Form unserer Glaubenssätze konstruieren.

- Jemand springt ins Wasser, um einen Ertrinkenden zu retten (wahrnehmbare Tatsache). Tat er es aus Nächstenliebe, Effekthascherei oder deswegen, weil der Gerettete ein Millionär ist (persönliche, subjektive Vermutung)?
- Eindrucksvoll kann man diesen Unterschied bei den verschiedenen Ernährungsaposteln studieren. Hier gibt es fast nichts, das das eine System für unglaublich schädlich erklärt, während ein anderes System es umgekehrt als sehr gesund empfiehlt. Watzlawick empfiehlt besonders folgende

Diät: Lesen Sie alle Ernährungsbücher gründlich und essen Sie dann das, was Ihnen schmeckt.

● Weitere Beispiele erhalten wir, wenn wir verschiedenen Menschen folgende Fragen stellen:

* Wodurch entsteht Arbeitslosigkeit?
* Wie kann Vollbeschäftigung erreicht werden?
* Was heißt Intelligenz?
* Was ist eine Frechheit?
* Was ist guter Geschmack?
* …

***Im Bereich des persönlichen Bewertens ist es sinnlos, darüber zu streiten, was „wirklich" wirklich ist. Wir sollten nicht davon ausgehen, daß die Wirklichkeit natürlich so ist, wie wir sie sehen, und daß jeder, der sie anders sieht, dumm oder böse ist.***

## MACHEN WIR UNS BEWUSST, DASS ES KEINE ABSOLUTE WIRKLICHKEIT GIBT!

Wir vermischen meist zwei sehr verschiedene Ebenen der Wirklichkeit, ohne uns dessen bewußt zu sein. Die erste bezieht sich auf die rein physischen und daher naturwissenschaftlich feststellbaren Eigenschaften von Dingen. Die physikalische Wirklichkeit sagt aber nichts darüber aus, was diese Tatsachen bedeuten – sie ist sozusagen neutral. Die zweite Ebene bezieht sich darauf, welcher Sinn und Wert diesen Dingen zuzuschreiben ist.

Um es mit Hamlet auszudrücken: „An sich ist nichts weder gut noch schlecht, das Denken macht es erst dazu." Im Bereich des persönlichen Bewertens ist es sinnlos, darüber zu streiten, was „wirklich" wirklich ist. Wir sollten nicht davon ausgehen, daß die Wirklichkeit natürlich so ist, wie wir sie sehen, und daß jeder, der sie anders sieht, daher böswillig oder verrückt sein muß.

Dieses Konstruieren unserer Wirklichkeit bezieht sich nicht nur auf die „weichen" Daten bzw. qualitativen Phänomene. Sogar die Anzahl von Eisenbahnzügen wird subjektiv gezählt und bewertet – wenn es um den Bau des

Semmering-Basistunnels, eines mehrere Milliarden Schilling teuren Eisenbahntunnels, geht (Kurier, 3.4.1997, S. 13):

*Semmering: Heftige Kritik an Einems Zahlenspielen*

*Verkehrsminister Einem: „Der Güterverkehr über den Semmering ist in den letzten vier Jahren um 35 Prozent gestiegen."*

*Niederösterreichs oberster Verkehrsplaner Zibuschka: „Heute rollen 60 Güterzüge über den Semmering – das sind genauso viele wie vor fünf Jahren."*

*Niederösterreichs Naturschutzlandesrat Schimanek: „Die Zahl der Güterzüge ist in jüngster Zeit sogar nachweislich um zehn Prozent gesunken."*

Wenn wir davon ausgehen, daß keiner der drei Herren (un)wissentlich die Unwahrheit sagt, stellt sich die Frage, was wirklich wirkliche Züge sind.

***Traue keiner Statistik, die du nicht selbst erstellt hast!***

Aufgrund dieser Einsichten sollte es uns nicht überraschen zu erkennen, daß wir nie wirklich objektiv sein können. Um dies nur mit einem von zahlreichen Beispielen zu beleuchten:

*Böse Frauen*

*Bei einem Experiment hatte eine Gruppe von Versuchspersonen als Jury das Strafmaß für ein Vergehen dreier Frauen zu bestimmen. Diese – eine „schöne", eine „durchschnittliche" und eine „unattraktive" – hatten jeweils 100.000,- Schilling unterschlagen. Die „schöne" erhielt eine Gefängnisstrafe von 12 Monaten, die „unattraktive" eine von 18,5 Monaten und die „Durchschnittsfrau" die Höchststrafe von 19,5 Monaten. Bei ihr ließen sich die „Geschworenen" offensichtlich am wenigsten vom Äußeren ablenken und befaßten sich mit der Tat selbst.* (G. Senger)

Im besten Fall, d. h. dann, wenn wir keine persönlichen Interessen mit einer Entscheidung oder Beurteilung verbinden, kann es uns gelingen, neutral oder „sachlich" zu sein.

Letztlich stellt sich folgende Frage:

## Wer will „die" Wahrheit überhaupt wissen?

***Die Wahrheit befreit niemanden, Einstellungen werden nicht (oder sehr selten) durch Tatsachen verändert.***

*Es war einmal ein Mann, der hatte sich verirrt und kam in ein fremdes Land. Auf seinem Weg sah er Leute, die voll Schrecken von einem Feld flohen, auf dem sie Weizen ernten wollten. „Im Feld ist ein Ungeheuer", erzählten sie ihm. Er blickte hinüber und sah, daß das „Ungeheuer" eine Wassermelone war und erbot sich, das „Ungeheuer" zu töten, schnitt die Frucht von ihrem Stiel und machte sich sogleich daran, sie zu verspeisen. Jetzt bekamen die Leute vor ihm noch größere Angst, als sie vor der Melone gehabt hatten. Sie schrien: „Als nächstes wird er uns töten, wenn wir ihn nicht schnellstens loswerden!" und jagten ihn mit ihren Heugabeln davon.*

Sheldon Kopp (vgl. S. 16 f.) weist anhand dieser Parabel auf das Dilemma hin, vor dem ein Berater, Autor, Freund oder Partner steht: Die Wahrheit befreit niemanden, Einstellungen werden nicht (oder sehr selten) durch Tatsachen verändert. Die alten Überzeugungen bieten immerhin die Sicherheit des vertrauten Elends. Die Angst vor dem Risiko des Unbekannten und des nie Versuchten ist viel zu oft größer als die Bereitschaft, einen Aufbruch zu wagen.

## 5. Wer verkauft sein Glauben als Wirklichkeit?

Eigentlich wir alle. Dies führt im Einzelfall zu Konflikten und Leid, beschränkt sich im allgemeinen aber auf wenige Menschen. Viel größere Auswirkungen hat dies bei Politikern, Wissenschaftern, Religionen, Sekten und Heilspredigern:

### Unbewiesene Behauptungen

***Vorsicht vor jeglichen Heilslehren und Patentrezepten!***

*Sicher, es gibt nur einen wahren Gott, keinen anderen. Doch die Frage ist hier, ob alle Religionen in gleich vollkommener Weise den Weg zum einen, wahren Gott zu weisen vermögen, und zwar so, wie es Gott selbst festgesetzt hat, und nicht, wie es einem menschlichen Einfall entspricht. Hier kann nur jene Religion die vollkommen „wahre" sein, durch die wir diesen einen, wahren Gott auch als dreifaltigen Gott erkennen dürfen; nicht darum, weil der menschliche Geist erfindungsreich dieses Geheimnis konstruiert hätte, sondern weil Gott selbst aus seiner Unsichtbarkeit hervorgetreten ist und uns sein inneres Geheimnis erschlossen hat, in seinem eingeborenen Sohn, Jesus Christus.* (Quelle unbekannt)

Zu diesem Text fallen mir einige Fragen ein:

- Was würden die hunderten Millionen Hinduisten, Buddhisten, Moslems zu dieser Behauptung sagen?
- Wie geht es ihnen damit, nicht den „wahren" Gott und nicht die „vollkommen wahre" Religion zu kennen?
- Aus Erzählungen hört man, daß Gott uns nach seinem Ebenbild erschaffen haben soll. Könnte es nicht genau umgekehrt sein? Der denkende, fühlende und empfindende Mensch hat nach seinem Ebenbild Gott erschaffen.

Der heilige Geist entspricht dem Denken, Gott dem Fühlen und Christus dem Empfinden.

● Nicht zuletzt drängt sich mir die Frage auf, wieso die, die behaupten, die Wahrheit gepachtet zu haben und unfehlbar zu sein, sich untereinander nicht einigen können – erst in jüngster Zeit wurden die Spannungen zwischen der römischen und den orthodoxen Kirchen wieder einmal sichtbar.

Heilprediger, die ihre subjektiven Glaubenssätze als die Wirklichkeit verkaufen, können auch Schaden anrichten:

## ES WIRD VOR DEN GEFÄHRLICHEN NEBENWIRKUNGEN DES „POSITIVEN DENKENS“ GEWARNT!

***Positives Denken kann krank machen.***

In einem sehr interessanten Artikel der Zeitschrift „Der Spiegel“ (19/1997, vgl. S. 206 f.) wird das Buch von Günter Scheich, „Positives Denken macht krank“, vorgestellt:

Der Psychologe Scheich begegnet immer häufiger schwer verstörten Hilfesuchenden, die beim Versuch, ihre triste Lebenslage durch positives Denken aufzuhellen, erst recht den Halt verloren haben. Auch im Geschäftsalltag erweist sich die Anstiftung zu forciertem Optimismus leicht als Schuß ins Blaue. Kunden und Kollegen durchschauen die aufgesetzte Zuversicht bald als Maskerade, die rosarote Brille trübt den Blick für die Realität. So werden Sorglose vollends zu Luftikussen und dynamische Menschen zu „Karriere-Berserkern“.

Nie und nimmer kann es gelingen, die hochkomplizierte menschliche Natur mithilfe einiger simplen Verhaltensregeln à la Carnegie (viele seine Beispiele finde ich allerdings sehr anschaulich, ich stehe nur seinen seichten Schlußfolgerungen kritisch gegenüber) umzuformen und binnen kurzer Zeit frustrierte Durchschnittsmenschen in dynamische Frohnaturen zu verwandeln.

Beim Durchsehen der Literatur für dieses Buch sind mir zahlreiche „halbseidene" Bücher in die Hände gefallen. Als Beispiel für so ein „nettes" und (bestenfalls) nutzloses Buch stelle ich Ihnen „Wellness, 22 Regeln zum Glücklichsein" von Greg Anderson vor, einem jener Autoren, die stolz darauf sind, sich nie mit Psychologie beschäftigt zu haben. Er leitet seine Kompetenz einzig und allein daraus ab, daß er von Lungenkrebs genesen ist, obwohl ihn die Medizin schon aufgegeben hatte.

Vertiefen wir uns beispielsweise in die 8. Wellness-Regel, das Prinzip der Gefühlskontrolle (S. 50 ff.). Ich habe mir erlaubt, meine bissigen Kommentare jeweils einzufügen:

*Das Prinzip der Gefühlskontrolle kollidiert oft mit traditioneller Beratungspraxis und Psychoanalyse, denn es hält die Herkunft unserer negativen Verhaltensmuster oder frühen Konditionierung für keineswegs maßgeblich, wenn es darum geht, die Art und Weise, wie wir uns in unserer Haut fühlen, zu verändern.* (Damit steht unser Guru bloß im Widerspruch zu praktisch allen bedeutenden Psychologen seit Siegmund Freud. Außerdem: Was sind „negative Verhaltensmuster"?)

***Die Erfolgs- und Glücksratgeber sind mit großer Vorsicht zu genießen!***

*Nehmen wir das Beispiel einer Depression. Sie umfaßt eine Reihe von Empfindungen wie Mutlosigkeit, Verlust, Niederlage, Energiemangel und Hoffnungslosigkeit. ... Der traditionelle, rein psychologische Zugang bestünde darin, herauszuarbeiten, wie unsere Vergangenheit unsere Gegenwart beeinflußt hat. Aber wie wäre es, einfach zu beschließen, etwas zu tun, um unsere Stimmung zu ändern? Wer in sein Inneres schaut, wer sich ernsthaft fragt, warum er so niedergeschlagen ist* (Wenn bei Ihnen nichts herauskommt, haben Sie sich offensichtlich nicht „ernsthaft" gefragt!)

*... und was er dagegen tun kann* (Dagegen etwas tun? Wieso nicht für mein Wohlbefinden?)

*– zum Beispiel die Situation anders sehen, Sport be-*

*treiben, in der Sonne spazieren gehen, ein neues Projekt anfangen oder einem anderen Menschen helfen –, der wird Wunder wirken bei der Überwindung seiner Depression.* (Depressive aller Länder aufgepaßt: Versucht einmal, die Situation anders zu sehen, Sport zu betreiben, ... – und die Depression ist weg. So einfach ist das. PS: Ich glaube schon, daß diese Ideen am Rande hilfreich sein können – aber nicht daran, daß sie „Wunder wirken".)

*„Acht Jahre lang habe ich eine Therapie gemacht", erzählt Gloria, die Verwalterin eines Pflegeheims. „Das einzige, was sich verbesserte, war der Kontostand meiner Therapeutin. Es war furchtbar. Ich bin gegangen, als sie darauf bestand, daß meine Minderwertigkeitskomplexe daher kamen, daß mich mein Vater in meiner Kindheit mißbraucht hätte. Ich beschloß, mich nicht auf die Vergangenheit zu konzentrieren. Statt dessen begann ich, täglich Sport zu betreiben. Ich glaube, das hat mehr als alles andere mein Gefühlskostüm verändert."*

(Zunächst: Es gibt sicher auch unter den Therapeuten schwarze Schafe, genauso wie unter den Polizisten, Anwälten, Automechanikern, Medizinern – und Sport zu betreiben ist sicher eine hilfreiche Nebensache. Aber so ein Beispiel zur Lebensregel hochzustilisieren ist in meinen Augen unseriös. Noch dazu halte ich eine therapeutische Unterstützung beim Lösen persönlicher Schwierigkeiten für die angemessenste Hilfe.)

*... gilt diese Regel auch für andere, machtvolle negative Gefühle.* (Was sind „negative" Gefühle? Wieso sind sie „negativ?)

*Denken Sie nur daran, welchen Schaden Zorn und Feindseligkeit anrichten.* (Wir denken – und weiter?)

*Aber chronische Feindseligkeit ... ist eine Sache, die wir kontrollieren können.* (Gefühle sind also eine Sache. Nicht nur eine Sache an sich, sondern auch eine Sache, die wir kontrollieren können – vielleicht wie unseren Kontostand oder Blutdruck?)

*… ist Hilfe dann nah, wenn jemand ernsthaft versucht* (wieder das Wort „ernsthaft“, das über Sein oder Nicht-Sein entscheidet…),

*… das Prinzip der Gefühlskontrolle einzusetzen, um dem Gefühl der Feindseligkeit Herr zu werden. … Aber das Prinzip der Gefühlskontrolle fordert uns dazu heraus, uns zu fragen, ob es nicht vielmehr realistisch wäre, auf eine Situation anders zu reagieren.* (Werden Sie also endlich Herr Ihrer Gefühle und seien Sie doch realistisch, bevor Sie das nächste Mal ein bißchen Amok laufen, Frau oder Kind verprügeln. Mit dieser „Wellness-Regel“ haben Sie endlich den Schlüssel zur Lösung Ihrer Probleme in der Hand: Realismus. Es stellt sich nur die zentrale Frage, was „realistisch“ heißt.)

*Wer konsequent das Prinzip der Gefühlskontrolle umsetzt, baut eine innere Kraft auf, die durch nichts zu erschüttern ist.* (Was? Ihre Kraft ist noch zu erschüttern? Dann waren Sie wohl nicht konsequent genug, Sie Böser.)

*Nun messen wir uns selbst einmal genau, uns und unsere grenzenlose Kraft. Wir kommen zu dem Schluß, daß wir göttlich inspiriert sind und wunderwirkende Fähigkeiten besitzen. Ein neuer Geist durchweht unsere Existenz.* (Amen.)

Charakteristisch für derartig seichte und (bestenfalls) wirkungslos bleibende Leitfäden ist, daß sie

- Glück, Erfolg und Reichtum durch Patentrezepte für jedermann/frau verkaufen,
- den amerikanischen Traum (oder die amerikanische Lüge), daß man durch harte Arbeit vom Tellerwäscher zum Millionär werden kann, im Verhältnis 1:1 auf das Gebiet der Persönlichkeitsentwicklung übertragen,
- durch viele, teilweise sehr stimmige Beispiele glänzen,

- vor vielen moralisch positiv besetzten „No-na"-Behauptungen und Aufforderungen strotzen,
- Ihnen mit Formulierungen, wie „ernsthaft", „intensiv" suggerieren, daß Sie sich nur genug anstrengen müssen, um gesund, glücklich und reich zu werden (durch viele „Erfolgsbeispiele" wird Ihnen vermittelt, daß, falls Sie es nicht schaffen, Sie sich offensichtlich nur zuwenig bemüht haben und damit selbst schuld sind) und daß
- die Autoren darauf stolz sind, von Psychologie keine Ahnung zu haben.

***Die Versprechungen derartiger Autoren sind offensichtlich sehr verlockend, aber nie einlösbar.***

Abschließend, und bevor wir uns wieder seriös mit der menschlichen Entwicklung beschäftigen, frage ich Sie nur – vor dem Hintergrund der Millionenauflagen dieser Trivialbücher:

Wenn alles so einfach und, wie uns diese Autoren versichern, der Mensch eine so einfache Maschine ist, wieso sind wir dann nicht alle schon längst glücklich?

## 6. Wie verhindern wir, dass wir etwas Neues lernen?

Unsere Konzepte sind die gedanklichen Entsprechungen unserer Erfahrungen: „So einer bin ich also!“, „So läuft es also auf dieser Welt“ usw. Auf dieser Basis schaffen wir uns eine Umwelt, in der wir überwiegend diejenigen Erfahrungen erleben, die unsere Glaubenssätze bestätigen. Erfahrungen, die diesen widersprechen, werden so bearbeitet, daß sie doch wieder ins Konzept passen. Wir bestätigen und zementieren unsere einmal geschaffenen Wirklichkeitskonstruktion (vgl. Watzlawick, Menschliche Kommunikation, S. 178) mit der

***„Nicht sein kann, was nicht sein darf.“***

*„Sich selbst erfüllenden Prophezeiung“:*

- *Ihr Horoskop in der heutigen Zeitung warnt Sie (und zig Millionen andere, die im selben Tierkreiszeichen geboren sind wie Sie) vor der Möglichkeit eines Unfalls. Tatsächlich passiert Ihnen etwas. Also hat es mit der Astrologie doch seine Bewandtnis. Sind Sie sicher, daß Sie den Unfall auch dann gehabt hätten, wenn Sie das Horoskop nicht gelesen hätten? So führt häufig das, was man eigentlich zur Vermeidung der Prophezeiung getan hat, zu deren Erfüllung.*
- *In einem Schul-Experiment wurde den Lehrern mitgeteilt, daß Intelligenz und Begabung der Schüler erhoben werde. Die eigentlichen Testpersonen waren jedoch die Lehrer selbst. Nach dem Zufallsprinzip wurden 20 Prozent der Schüler vom Versuchsleiter ausgewählt. Den Lehrern wurde mitgeteilt, daß diese Schüler besonders intelligent und begabt seien – ohne daß der Versuchsleiter die Tests angesehen hatte. Nach einem Jahr wurde der Test wiederholt und ausgewertet. Und erst jetzt wurde auch der Test vom Vorjahr zu Vergleichszwecken aus-*

*gewertet. Ergebnis: Die Kinder, die zufällig ausgewählt worden waren und von denen man den Lehrern mitgeteilt hatte, das diese intelligenter wären, hatten in diesem Jahr ihren Intelligenzquotienten gegenüber den anderen Schülern deutlich erhöht. Das Prophezeien des Ereignisses führte zum Ereignis der Prophezeiung: die Lehrer hatten offensichtlich die ihnen genannten Kinder unbewußt mehr gefördert.*

***Egal, ob beim „Wahr"-Sagen oder bei Medikamenten: die sich selbst erfüllende Prophezeiung wirkt!***

- *Wer davon überzeugt ist, daß ihn niemand respektiert, wird sich mißtrauisch, abweisend oder aggressiv verhalten. Darauf wird seine Umwelt höchstwahrscheinlich mit Unmut reagieren und damit dessen ursprüngliche Annahme beweisen. Es ist dabei nebensächlich, warum jemand zu so einer solche Überzeugung gekommen ist, wie sie zustande kam und wie bewußt oder unbewußt sie dieser Person ist. Die Annahme wird sich als richtig erweisen.*

Wir verfügen über eine Fülle von Glaubensätzen, Begründungen und Erklärungen, die uns selbst (Selbstkonzept), unsere Mitmenschen, Beziehungen, die Gesellschaft („Die Italiener sind ...", „Die Politiker sind ...") bzw. die Frage betreffen, wie auf dieser Welt was warum funktioniert. Haben sich diese einmal gebildet, schaffen wir uns die Erfahrungswelt, in der unsere Glaubenssätze immer wieder bestätigt werden. Wir machen einen großen Bogen um solche Herausforderungen, für die wir nach unseren Konzepten schlecht ausgerüstet sind. Glaube ich, technisch unbegabt zu sein, dann werde ich tendenziell all jene Situationen meiden, in denen es auf technisches Verständnis und Geschicklichkeit ankommt. Mit der Zeit habe ich dann einen erheblichen Übungsrückstand, und nach einigen Jahren habe ich wirklich „zwei linke Hände" – aber weniger aufgrund mangelnder Begabung als vielmehr aufgrund mangelnder Übung und meines Erfahrungsrückstandes.

*„Nicht sein kann, was nicht sein darf!“*

Habe ich die Meinung, daß Frauen die schlechteren Autofahrer sind, werde ich gerade in den Situationen, die zu meinem Glaubenssatz passen, eine Frau am Steuer bemerken. Umgekehrt bemerke ich bestenfalls einmal „die Ausnahme, die die Regel bestätigt“. Die sich selbst erfüllende Prophezeiung hat sich erfüllt, das Konzept hat sich bestätigt und ist daher scheinbar richtig.

So hindern wir uns daran, neue Erfahrungen zu erleben und daraus zu lernen.

***Ich prophezeie Ihnen, daß Sie sich heute noch sehr freuen werden.***

***Welcher Gedanke beschäftigt Sie gerade, welche Aussage klingt in Ihnen nach?***

## 7. Mit welchen Mechanismen erreichen wir Erfolg – oder Leid?

Generalisieren, Tilgen und Verzerren sind drei Mechanismen, die es uns erlauben, die außergewöhnlichsten und einzigartigen menschlichen Aktivitäten zu vollbringen – oder aber unser weiteres Wachstum blockieren, wenn wir den Fehler begehen, unsere subjektiven Glaubenssätze mit der Realität zu verwechseln. Richard Bandler und John Grinder, die Entwickler des sogenannten Neurolinguistischen Programmierens (NLP), haben diese Mechanismen entdeckt und beschrieben.

***Unsere drei Informations-Verarbeitungs-Mechanismen***

- Unter *Generalisieren* versteht man den Vorgang, durch den eine einzelne Erfahrung von dem ursprünglichen Erlebnis losgelöst wird, um in Zukunft eine ganze Gruppe von (mehr oder weniger) ähnlichen Erfahrungen zu verkörpern. Es ist zum Beispiel für uns nützlich, die Erfahrung, daß man sich beim Berühren eines heißen Ofens verbrannt hat, generalisieren zu können, daß heiße Öfen nicht berührt werden sollten.

Ein und dieselbe Regel kann brauchbar oder nicht brauchbar sein. Dies hängt von den jeweiligen Umständen ab – es gibt keine „richtigen" Generalisierungen. Vielmehr muß jede Regel nach der konkreten Erfordernis des Einzelfalls beurteilt werden.

Generalisieren bewirkt einen Verlust an Detail sowie an Erfahrungen. Somit hindert Sie das Generalisieren daran, Unterscheidungen zu treffen, die mehrere Wahlmöglichkeiten in einer bestimmten Situation erlauben würden. Gleichzeitig erweitert die Generalisierung eine spezielle, schmerzliche Erfahrung zur Größenordnung einer „Verfolgung durch das Universum" (ein Hindernis, mit dem nicht umzugehen ist). Wenn zum Beispiel die konkrete Erfahrung mit einem Politiker, Ausländer usw. Verallgemeinerungen wie „die Politiker" bzw. „die Ausländer" nach sich zieht, so kann auch die spezielle schmerzliche Erfahrung „Renate mag mich nicht" zu der Generalisierung „Frauen mögen mich nicht" führen.

- Unter *Tilgen* (oder selektivem Wahrnehmen) versteht man den Vorgang, durch den wir unsere Aufmerksamkeit auf bestimmte Wahrnehmungen richten und andere ausschließen. Nehmen wir als Beispiel die Fähigkeit des Menschen, in einem Raum voll von sprechenden Menschen alle anderen Geräusche auszuschließen oder auszufiltern, um der Stimme einer bestimmten Person zuzuhören. Man kann denselben Vorgang dazu verwenden, sich gegen Botschaften der Zuneigung von anderen Menschen zu sperren. Ein Mann, der überzeugt war, nicht liebenswert zu sein, klagte beispielsweise darüber, daß ihm seine Frau keine Liebesbotschaften vermittelte. Es stellte sich heraus, daß seine Frau durchaus ihre Zuneigung ausgedrückt hatte. Er hatte es nur einfach „nicht gehört", er hatte diese Botschaften getilgt.

***Generalisieren***

***Tilgen***

***Verzerren***

Tilgen beschränkt die Welt auf eine Größe, mit der wir meinen umgehen zu können. Dieses Einschränken kann in einem bestimmten Fall nützlich sein, in anderen Situationen wird dieselbe Tilgung unsere Möglichkeiten einschränken – und damit zu Leid und Schmerz führen.

- Mit *Verzerren* bezeichnet man den Vorgang, der es uns ermöglicht, unsere Erfahrung umzugestalten. Die Phantasie ermöglicht es uns, uns auf zukünftige Erfahrungen vorzubereiten. Man verzerrt die gegenwärtige Realität, wenn man eine Ansprache übt, die man am nächsten Tag vortragen will. Dieser Vorgang hat all jene künstlerischen Schöpfungen ermöglicht, die wir Menschen hervorgebracht haben. Ein Himmel, wie er in einem Gemälde van Goghs dargestellt wird, war nur in dem Rahmen möglich, in dem van Gogh seine Wahrnehmung zu verzerren vermochte. In ähnlicher Weise beziehen sich alle großen Romane, alle revolutionären Erkenntnisse der Wissenschaften auf die Fähigkeit, Gegenwärtiges zu verzerren und „falsch" darzustellen.

Dieselbe Technik kann aber die Vielfältigkeit unserer Erfahrung einschränken. So hört eine Person in Fragen oder Aussagen häufig Kritik oder Herabsetzung. Reagiert jemand einsilbig, kann man u. a. zwei Schlüsse ziehen: „Er wird müde sein" oder „Klar – er mag mich nicht!" Jemand sagt etwas, und die anderen lachen. Der eine deutet dieses Lachen als den Ausdruck von Amüsement über seinen Scherz, der andere fühlt sich ausgelacht.

Manche wehren durch Verzerren positive Beziehungsbotschaften ab: Lob ist für uns oft unangenehmer als Kritik – „Das sagst du nur, um mich zu trösten" oder „Sie sagt das nur, weil sie etwas will" usw. Erfolge werden auf das Konto des Zufalls gebucht: „Auch ein blindes Huhn findet einmal ein Korn!" – und Fehlschläge werden sofort der eigenen Unzulänglichkeit angelastet.

***Was wir wollen, sind Nachrichten, die den eigenen Lebensstil und die eigenen Handlungen als gerechtfertigt und gut erscheinen lassen. Alles andere wird überhört, d. h. getilgt, oder in unserem Sinn verzerrt. Wenn alles nichts hilft, wird die Person, die uns „angegriffen" hat, herabgesetzt.***

Beispiele aus dem Alltag (vgl. Schulz von Thun, S. 218 ff.):

- *Herr Mayer ist starker Raucher. Er empfängt die Nachricht: „Rauchen ist gesundheitsschädlich, fördert Lungenkrebs und Herzinfarkt" und reagiert unwirsch: „Ach was! Mit Statistik kann man alles beweisen. Und sterben müssen wir doch alle – oder?"*
- *Herr Müller hat seine Kinder streng erzogen. Damit aus ihnen „anständige Menschen" werden, hat er sie häufig geschlagen. Bei einem Vortrag hört er nun die Auffassung eines Pädagogen: „Die Prügelstrafe demütigt das Kind. Leicht entsteht eine ängstliche und feindselige Haltung gegenüber der Umwelt, und am Vorbild des Erziehers lernt das Kind, gegenüber Schwächeren Gewalt anzuwenden." – Herr Müller ist sehr aufgebracht, als er das hört. „Haben Sie eigentlich selbst Kinder?" fragt er den Vortragenden. „Solche Weisheiten vom grünen Schreibtisch haben doch mit der Praxis nichts zu tun."*

## 8. WIE ERKENNE ICH MEINE GLAUBENSSÄTZE?

Unsere Glaubenssätze lassen sich sehr leicht an den Formulierungen, die wir verwenden, erkennen:

- Ist etwas ein Problem, ein Mißerfolg oder vielmehr eine Lernchance, eine Herausforderung?
- Welches Konzept von Beziehungen habe ich, wenn ich das Beenden einer Beziehung „Scheitern" nenne?
- Trachte ich danach, etwas auszumerzen, zu bekämpfen, gegen etwas zu sein, oder setze ich mich für etwas ein?
- Stichwort „Objektivität": Es ist ein Unterschied ob ich sage, „Der Film ist schlecht", „Du bist dumm", „Das Essen ist katastrophal", oder z. B. „Mir gefällt der Film nicht", „In diesem Punkt bin ich anderer Meinung, dieses Thema sehe ich anders", „Für meinen Geschmack ist das Essen zu stark gewürzt und das Fleisch zu zäh."

Die ersten drei Aussagen sind scheinbar objektiv – in Wahrheit nur Ausdruck subjektiver Wirklichkeit.

- „Richtig/Falsch": Verhalten wird oft als richtig oder falsch bezeichnet und damit bewertet. Gesten, Worte und Handlungen sind nie gut oder schlecht, richtig oder falsch. Sie sind bloß in einer bestimmten Situation (mehr/weniger) angemessen bzw. stimmig oder (mehr/weniger) unangemessen bzw. unstimmig. Ein Satz, den Sie einem Freund sagen, bzw. Ihr Verhalten ihm gegenüber wird bei Ihrem Partner oder Chef meist nicht angebracht sein. So kann auch die Folge derselben Handlung, nämlich einen Menschen zu töten, zwischen einer Ordensverleihung (im Kriegsfall) und lebenslanger Haft liegen.
- Oft hören wir ein „Ich kann nicht ..." – und können es sofort in ein „Ich will nicht ..." übersetzen.
- Die sogenannten negativen Gefühle: Nennt man Ausatmen „negatives" Atmen? Welches Konzept steckt dahinter, wenn

***Wenn Sie auf Ihre Formulierungen (gedachte, geschriebene und gesprochene) achten, wird Ihnen so mancher Glaubenssatz bewußter werden.***

wichtige und lebendige Energien wie Zorn, Trauer, Angst negativ bewertet werden?

- Klassisch ist die unpersönliche Formulierung „man".

Dahinter steht meist ein *Ich*, manchmal ein *Du*.

- „*schmutzig*": Wieso ist Kaffee im Häferl Kaffee – auf dem Kleid hingegen „Schmutz", Erde im Blumenbeet Erde – und auf den Schuhen oder unter den Fingernägeln „Dreck"? Wieso hören die Eltern von Babys im entsprechenden Alter die Frage: „Ist euer Kind schon rein?"

Viele Formulierungen sind scheinbar nebensächliche Kleinigkeiten – und doch verrät ihre Verwendung eine ganze Menge!

Durch ausgesprochene und nicht ausgesprochene Gedanken kommen Sie Ihren Konzepten leicht auf die Spur. Einmal bewußt erkannt, können Sie sie daraufhin überprüfen, ob Sie sich nicht selbst damit einschränken.

Auch die folgende Übung kann Sie dabei unterstützen:

## Ich mache 10 Minuten lang nur das, was ich will

***Eine hilfreiche Übung***

Die folgende Übung (nach Cohn, S. 145 ff.), die Sie auch als Spiel sehen können, dauert nur 10 Minuten und kann lange wirken.

Achten Sie darauf, sich möglichst alleine im Zimmer aufzuhalten, sodaß Sie keine Rücksicht auf andere nehmen müssen und von niemandem gestört werden.

Machen Sie nun zehn Minuten nur das, was Sie wollen. Beobachten Sie, was Sie tun und überprüfen Sie, ob das, was Sie tun, wirklich Ihren Impulsen oder vielmehr gedanklichen Überlegungen entspringt. Wenn dies der Fall ist, finden Sie heraus, was Sie tun wollen und gehen Sie dazu über.

Erklärung: Diese Übung schließt sowohl Ihre Impulse als auch Ihre Urteilsfähigkeit ein. Wenn Ihnen z. B. danach ist, eine Vase zu zertrümmern, überprüfen Sie, ob Sie diesem Impuls folgen wollen. Sie müssen sich daher überlegen, ob Ihnen der Verlust der Vase weniger wichtig ist, als Ihrem Gefühl in jenem Augenblick freien Lauf zu lassen. Bei dieser Kontrolle ist es weiters wichtig, auch körperliche Empfindungen in den Überprüfungsprozeß miteinzubeziehen. Sie können z. B. die Idee haben, tanzen zu wollen; Ihr Körper signalisiert Ihnen jedoch, daß Sie müde sind. In Wirklichkeit wollen Sie sich nur der Vorstellung hingeben, zu tanzen, ohne es wirklich zu tun. Auch das Gegenteil kann stimmen: Sie können Tanzen für albern halten, aber Ihre Beine wollen tanzen! Nun müssen Sie sich entscheiden, was Sie wirklich wollen. Es ist möglich, daß Ihnen die Entscheidung leicht fällt, oder aber daß ein dritter, neuer Einfall auftaucht, der ganz Ihren Vorstellungen entspricht.

***Will, soll oder muß ich?***

Diese Übung bewirkt ein bewußteres Unterscheiden zwischen dem, was Sie möchten, was Sie wollen und was Sie sollen. Sinn und Wirkung des Spiels werden klarer, wenn Sie es einfach ausprobieren.

Nun – Sie haben das Spiel gespielt. Dabei sind Sie wahrscheinlich in Situationen geraten, in denen es zwei oder mehr Möglichkeiten gab. Vielleicht wußten Sie nicht, wie Sie sich entscheiden sollten. In diesem Fall hilft der folgende Hinweis: Überprüfen Sie immer wieder, ob das, was Sie gerade tun, noch das ist, was Sie wollen. Stellen Sie nun fest, daß Sie im Konflikt sind – etwa: „Soll ich meinen Aschenbecher ausleeren oder die Zeitung lesen?“ –, kann diese Erfahrung folgendermaßen ausgedrückt werden: „Ich spüre gleichzeitig zwei Impulse, kann aber nur einem nachgeben, d. h. ich erlebe einen Konflikt“. Darauf folgt die Frage: „Will ich diesen Konflikt ‚genießen‘?“ Lautet die Antwort: „Ja, ich will in dieser Spannung bleiben!“, dann versuchen Sie, eine Weile in dieser Situation zu bleiben. Aller Wahrscheinlichkeit nach werden Sie bald aus diesem Zustand herauskommen wollen und entweder die eine oder die andere Möglichkeit wählen, oder vielleicht auch eine dritte, an die Sie ursprünglich gar nicht gedacht haben.

Dieses Spiel wird unterschiedlich erlebt. Manche Menschen spüren ein Gefühl von Harmonie mit sich selbst und der Welt; andere erleben es als unangenehm. Diesen Menschen erscheint die Erlaubnis bedrohlich, „zu tun, was Ihnen entspricht“, anstelle des (inneren) Zwanges, „zu tun, was Sie sollen“. Diese Angst verliert sich meist nach mehrmaliger Wiederholung des Spiels.

***Innerer oder äußerer Zwang?***

Ich glaube, daß sich die meisten Menschen selten darüber klarwerden, wieviel Freiheit und Entscheidungsmöglichkeiten sie wirklich haben. Oft haben wir im gegebenen Augenblick nicht genügend Klarheit über diese Tatsache und handeln im Aberglauben des Müssens. Je gesünder und ökonomisch freier wir sind, desto mehr Freiheit haben wir – jedoch selbst der Kranke und Bedrängte hat oft mehr Möglichkeiten zu wählen, als er sich bewußt macht. Wählen ist erlernbar, es kann geübt werden.

Wir erleben oft, daß das, was wir tun müssen, im Gegensatz zu dem steht, was wir tun wollen. Das Muß kann real sein. Ich muß manche Dinge tun, um nicht zu verhungern oder überfahren zu werden. In den meisten Fällen ist aber das „Ich muß“ nicht festgelegt. Ich kann viele verschiedene Dinge tun, um Nahrung zu mir zu nehmen oder um mich zu schützen. Oft ist ein „Müssen“ ein „Sollen“. Ein „Sollen“ schreibt mir vor, was ich zu denken, zu fühlen oder zu tun habe. Beispiele: „Ich soll arbeiten, aber ich will nicht“, „Ich soll freundlich sein, aber ich bin ärgerlich“, „Ich soll nicht soviel essen, aber ich will essen“.

Oft reagieren wir auf die Macht des Sollens mit Apathie und Hilflosigkeit, wie Kinder, die der überlegenen Macht der Erwachsenen ausweichen oder rebellisch begegnen. Das „Sollgespenst“ hat uns gesagt, was wir tun müssen, und so rebellieren wir dagegen, selbst dann, wenn wir inhaltlich seinem Verlangen zustimmen. Manchmal identifizieren wir uns mit dem „Sollgespenst“ so stark, daß unser Wollen vom Sollen nicht mehr unterschieden werden kann. Ein Beispiel:

Eine unordentliche Bekannte stellte fest, daß sie jedesmal, wenn sie das Spiel spielte, anfing, ihren Haushalt aufzuräumen.
Ihre Antwort auf das „Sauberkeits-Soll“ ihrer Mutter war Unordnung. Ihren eigenen Wunsch nach Ordnung ließ sie auch als Erwachsene nicht aufkommen, weil ihr erwachsenes Ordnungsbedürfnis von ihrer veralteten Rebellionslust gegen die Mutter unterdrückt war.

Umgekehrt würde das Spiel bei vielen überordentlichen Menschen wahrscheinlich den Impuls zur Unordnung hervorrufen.

Die Übung lehrt uns, bewußt zwischen „Ich möchte“, „Ich soll“ und meinem „Ich will“ zu unterscheiden.

***Probieren Sie die Übung jetzt aus – wenn es für Sie gerade paßt.***

*Welcher Gedanke beschäftigt Sie gerade, welche Aussage klingt in Ihnen nach?*

## 9. ZUSAMMENFASSUNG

*Nicht die Dinge selbst beunruhigen uns, sondern die Meinungen, die wir von den Dingen haben.*

*Epiktet*

***Mit Ihren Glaubenssätzen versetzen Sie Berge!***

Zu den entscheidendsten Schritten für unsere Persönlichkeitsentwicklung gehört es, zu erkennen und zu akzeptieren,

- daß wir uns unsere Wirklichkeit selbst schaffen, daß wir unsere subjektiven Bewertungen für „die" Wirklichkeit halten und
- daß wir beharrlich an dieser festhalten und alles dazu tun, sie täglich aufs neue zu bestätigen.

Erkennen wir, daß es nicht die Welt ist, die uns einschränkt, sondern unsere eigenen Glaubenssätze. Machen wir uns daher unsere Glaubenssätze bewußt und überprüfen wir, welche uns davon einschränken.

Wenn wir uns eine Wirklichkeit konstruieren können, mit der wir uns einschränken, in der wir leiden, können wir uns genauso eine Wirklichkeit konstruieren, die unseren Entscheidungs- und Handlungsspielraum erweitert und die uns die nahezu unendlichen Möglichkeiten, unser Leben zu genießen, wahrnehmen und nutzen läßt.

Mit dem folgenden Beispiel will ich noch einmal die Wirksamkeit unserer Glaubenssätze hervorheben:

### *Die Genesung von einer unheilbaren Krebserkrankung*

Robert Dilts (vgl. S. 26) zitiert eine interessante Untersuchung an hundert Patienten, deren Krebserkrankung als unheilbar diagnostiziert worden war. Diese Personen waren zehn oder zwölf Jahre nach dieser Diagnose noch am Leben und wieder gesund geworden. Es sollte herausgefunden werden, ob es Gemeinsamkeiten zwischen den Patienten gab. Es stellte sich heraus, daß alle mit sehr unterschiedlichen Methoden (chirurgischen Eingriffen, Chemotherapien, Akupunktur, speziellen Diäten, therapeutischer Behandlung, religiösen Übungen) behandelt worden waren – manche hatten auch überhaupt nichts getan.

Das einzige, was alle hundert Personen miteinander gemeinsam hatten, war: Sie alle glaubten, daß das, was sie zu ihrer Heilung getan hatten, für sie genau das Richtige gewesen war.

***Ein großes Mißverständnis: Wir halten unseren Weg für den einzig wahren – anstatt für einen von vielen möglichen.***

Mit Ihren Glaubenssätzen versetzen Sie Berge!

## Überprüfen Sie nicht nur die eigenen Konzepte

Glaubenssätze sind für uns Menschen notwendig, um uns zu orientieren. Wir müssen die pysikalische Wirklichkeit bewerten und interpretieren. Manche Konzepte helfen uns dabei mehr, manche weniger. Manche Menschen ziehen diese Glaubenssätze vor, andere jene. Auf jeden Fall sind diese Wirklichkeitskonstruktionen immer subjektiv, ob sie nun auf einer Religion basieren oder von einem Politiker oder Autor stammen.

Dies sollte uns einerseits ein bißchen gnädiger und toleranter gegenüber anderen Meinungen und Sichtweisen machen. Andererseits empfehle ich, fremde Glaubenssätze mit den Sinnen (Sehen, Hören, Schmecken, Riechen, Begreifen), den körperlichen Empfindungen (Kribbeln im Bauch, Anhalten des Atems ...) und einem kritischen Geist zu überprüfen.

## 10. Zehn + 1 Frage

(Es gibt keine „falsche“ oder „richtige“, keine „gute“ oder „schlechte“ Antwort! Bedenken Sie bitte nur: Sie können jeden Menschen auf der Welt anlügen – gefährlich wird es nur, wenn Sie sich selbst anlügen.)

1. Freitag der 13., schwarze Katzen, Rauchfangkehrer ... – welche Konzepte leiten Ihre Handlungen?

2. Welche Konzepte liegen Ihrem Fühlen zugrunde – was „darf man/darf man nicht“, was „soll man/soll man nicht“?

3. Nach welchen Konzepten führen Sie Ihre Partnerschaft – was „muß/darf ich tun, was nicht?“

4. Welche Konzepte haben Sie in Erziehungsfragen? – Was muß/darf Ihr Kind? Was sind die drei wichtigsten Grundsätze, die Sie Ihrem Kind vermitteln wollen?

5. Welche Konzepte haben Sie zur gesellschaftlichen Situation bzw. Entwicklung? (Über das Entstehen von Arbeitslosigkeit, über das Reicherwerden der Reichen und das Ärmerwerden der Armen, über „die Ausländer“ und Asylwerber, über „die Politiker“ ...)

6. Ist diese Idee, daß wir unsere subjektiven Wahrheiten für „die Wahrheit“ halten – und daher sehr oft unangemessenerweise militant vertreten –, für Sie anschaulich und nachvollziehbar?

7. Haben Sie sich schon einmal dabei ertappt, Ihre Wirklichkeit für „die Wirklichkeit“ zu halten und andere damit zwangszubeglücken?

8. Kann es sein, daß Ihnen schon einmal eine „Sich-selbst-erfüllende-Prophezeiung“ passiert ist?

9. Verwenden Sie gerne Generalisierungen (wie beispielsweise: alle, immer, jeder ...)?

10. Passiert es Ihnen öfter, daß Sie statt zu beschreiben (z. B.: „Er ist fünf Minuten nach dem vereinbarten Zeitpunkt gekommen“) bewerten (z. B.: „Er ist unpünktlich“)?

## DIE ZUSAMMENFASSENDE „TÜV-PICKERL-FRAGE“:

Wenn Sie die verschiedenen Facetten Ihres gedanklichen Seins Revue passieren lassen – wie sehr sind Sie mit Ihrem heutigen Bewußtseinsstand auf dieser Ebene zufrieden?

(wenig) 1 2 3 4 5 6 7 8 9 10 (sehr)

# 4. Die Ebene des Kommunizierens:

# Beziehungen bewusster Leben

1. Zum Einstimmen

2. Die scheinbare Unlogik unserer Beziehungen

3. Wie kann sich das Geprägt-sein unbewussterweise auf unsere Beziehungen auswirken?

4. Bewussteres Kommunizieren

   4.1. Wie passt die Form zum Inhalt der Kommunikation?

   4.2. Stimmen die verbale und die nonverbale Kommunikation überein?

   4.3. Wer ist schuld an der Beziehungskiste?

   4.4. Wie wirkt sich die paradoxe Kommunikation aus?

5. Gibt es auch eine einfache Lösung für Beziehungsschwierigkeiten?

6. Zusammenfassung

7. Zehn + 1 Frage

## 1. Zum Einstimmen

Auch unsere Beziehungen sind – wie unser Körper oder unser Fühlen – keine Gegenstände, die getrennt oder unabhängig von uns existieren. Wir sind Teil einer Beziehung und beeinflussen sie gleichzeitig. Wir erleben zum Beispiel, daß wir unser Verhalten in neuen Beziehungen ändern.

*Sie haben den Partner, den Sie verdienen.*

Ich stelle in diesem Buch die Partnerschaft als die engste Verbindung zwischen Erwachsenen in den Vordergrund – Analoges gilt aber auch für die anderen Beziehungen, berufliche wie private.

„Du siehst den Splitter im Auge des anderen und nicht den Balken in Deinem Auge." Dieses Sprichwort ist der Schlüssel dafür, seinen Partner nicht für die eigenen Schwierigkeiten verantwortlich zu machen. Es beginnt schon bei der Frage „Wozu habe ich gerade diesen Partner gewählt?"

Meine Behauptung, die ich hoffentlich in Ihren Augen auch plausibel begründen werde, ist folgende: Sie haben den Partner, den Sie brauchen. Er ist Ihr Spiegel; der Spiegel, in dem Sie das sehen, was bzw. wie Sie selbst gerne wären – und dafür lieben Sie ihn.
Sie sehen aber auch Eigenschaften und Verhaltensweisen, die Sie bei sich selbst nicht erkennen bzw. nicht akzeptieren wollen, die Sie oft mühsam unterdrücken – und dafür sind Sie auf ihn wütend. Diese Sichtweise führt insbesonders zu zwei Fragen: „Wozu benütze ich meinen Partner?" und „Was kann ich von ihm lernen?"

Vom „Mysterium der Partnerwahl" bis zu unseren „Beziehungskisten" – wir können sehr viel über uns lernen, wenn wir unsere Beziehungen bewußter führen.

## 2. Die scheinbare Unlogik unserer Beziehungen

Wir fragen uns oft, wie eine Partnerschaft bestehen kann, wie z. B. diese Frau mit diesem Mann zusammenleben kann oder umgekehrt.

Das, was Menschen in der Partnerschaft suchen, ist zum Teil ihre eigene zweite Hälfte (vgl. Kopp, S. 64 ff.). Jeder von uns ist in gewisser Weise „unvollständig"; einige Seiten der Persönlichkeit sind überentwickelt, andere vernachlässigt. Was wir selbst nicht zu haben glauben, suchen wir unbewußt im Partner: eine schüchterne, gehemmte Frau sucht nach einem starken Romanhelden – dieser sucht wiederum ein Weibchen, das zuviel Angst davor hat, seine demonstrativ zur Schau gestellte Männlichkeit zu hinterfagen.

***Was uns fehlt, suchen wir im Partner – und bekämpfen es dann!***

Wir wählen ihn wegen seines Anders-Seins aus, um anschließend zu klagen: „Warum kann er nicht so sein (die Dinge so sehen) wie ich?" Eines der Resultate davon: acht von zehn Morden sind „Beziehungsmorde".

Stellen wir uns einen Buben vor, der sich mit einem distanzierten, passiven, allzu beherrschten Vater identifiziert. Seine Mutter neigt zu Aggressivität und dramatischen Gefühlsausbrüchen. Als Erwachsener wird er wahrscheinlich eine Partnerin suchen, die seiner aggressiven Mutter ähnelt, mit der er sich nicht identifizieren konnte. Aber bald werden ihm genau diese Eigenschaften, die ihn angezogen haben, lästig werden, weil er sich durch sie unterdrückt fühlt. Er wird darauf bestehen, daß seine Frau sich eher wie sein distanzierter, passiver Vater verhält. Falls sie aber auf seinen Wunsch einzugehen versucht, wird er sich beklagen, daß sie sich zuwenig bemüht, sich zu ändern; in jedem Fall wird sie es ihm nicht recht machen können.

Wir wählen unsere Partner, Chefs und Freunde gezielt aus: Wir suchen immer wieder dieselben Grundkonflikte, damit unsere alten Konzepte und deren Lösungen bestätigt werden. Mit diesem „Irrtum in der Zeit" blockieren wir Teile unserer Energien und hindern uns daran, uns zu entwickeln. Wir opfern unsere Wünsche, Bedürfnisse und Interessen dem Beibehalten unseres Grundkonflikts.

Mann heiratet „Mutter", Frau heiratet „Vater" – eine beliebte Vorgangsgangsweise. Das Elternhaus zu verlassen, ohne sich emotional abgenabelt zu haben, führt zum Wiederholen desselben Loslösungskonflikts: dem Erleben derselben Ohnmacht, Angst, Hilflosigkeit oder Wut – wieder und wieder – bis zur Scheidung, zum Totschlag oder zur endgültigen Resignation.

Wenn wir Beziehungen mit einem Partner eingehen, der uns ähnlich ist, entsteht leicht eine andere Art von Unheil. Zwei verzagte Personen etwa würden ihre Vorsicht wechselseitig potenzieren und bald überhaupt nicht mehr wagen, etwas Neues auszuprobieren.
Ein abenteuerlustiges Paar mag dagegen durch übertriebene Verwegenheit in eine Spirale von Katastrophen geraten.

***So entpuppt sich die scheinbare Unlogik als sinnvolle Entscheidung unseres Unbewußten – wenn wir sie uns bewußt machen.***

## 3. WIE KANN SICH DAS GEPRÄGT-SEIN UNBEWUSSTERWEISE AUF UNSERE BEZIEHUNGEN AUSWIRKEN?

Es beginnt also schon mit der Wahl unseres Partners:

***Wir unterliegen unbewußt dem „Wiederholungszwang“.***

*Gesucht und gefunden*

*Francine heiratete mit sechzehn Jahren Mickey Hughes, einen jungen Mann, der bald gewalttätig wurde und sie mißhandelte. Ihr Leben mit ihm war über zehn Jahre lang, in denen sie schrecklich litt, eine unendliche Geschichte von Prügeln und Wutanfällen.*

*Oft wurde die kleine Familie (sie hatten mehrere Kinder) vor die Tür gesetzt, weil sie die Miete nicht bezahlt hatten, und Mickeys Abwesenheiten von zu Hause reichten vom Verschwinden über Nacht (wegen Trinkgelagen und sexueller Untreue) bis zu kurzen Phasen der Inhaftierung. Francine hatte viele Gelegenheiten, ihn zu verlassen, und tat dies auch verschiedentlich, aber sie kam immer wieder zurück. Sie ließ sich von ihm scheiden, lebte aber bald wieder mit ihm zusammen und unterstützte ihn finanziell. Rückblickend gab sie später zu, daß sie ihn für immer hätte verlassen können und sollen, jedoch immer wieder zu ihm zurückkam, wenn er sich entschuldigte und versprach, sich zu bessern. Sie dachte, sie könnte ihn davon abhalten, sie zu schlagen, wenn sie nur richtig handelte.*

*Die Beziehung endete erst, als sie nach Prügeln, dem ein Geschlechtsverkehr folgte, Benzin über den Boden im Schlafzimmer goß, in dem er schlief, und das Haus in Brand steckte. Mickey kam in dem Feuer um. Anstatt frei zu sein, wurde Francine des Mordes angeklagt.*

(Steven Berglas, Roy Baumeister, S. 49 f.)

Verrückt? Irr? – Diese „Erklärungen" oder „Begründungen" helfen uns nicht dabei, Verhalten zu verstehen bzw. zu ergründen.

Die Prägung beeinflußt also bereits die Wahl des Partners – mit all ihren Folgen. Die meisten Partnerschaften enden erfreulicherweise nicht derart letal, man begnügt sich mit ein bißchen Prügeln und Betrügen oder lebt schlicht nebeneinander bzw. aneinander vorbei. Im Beziehungsalltag sind es dann die sogenannten Spiele, die den überwiegendenden Anteil der Kommunikation mit dem Partner ausmachen (vgl. Bernie).

Spiele laufen nach unausgesprochenen, unbewußten Regeln und Richtlinien ab. Auch wenn ein Großteil der Kommunikation in Partnerschaften darin besteht, bestimmte Spiele zu spielen, dann bedeutet das nicht notwendigerweise auch, daß es sich hierbei um ein Vergnügen handelt oder daß sich die Beteiligten dabei nicht ernsthaft engagieren. Zwei Beispiele beleuchten dies sehr gut:

***Von der Partnerwahl zum Beziehungsalltag***

*„Wenn du nicht wärst"*

*Frau Meier beklagte sich darüber, daß ihr Mann sie in ihrer gesellschaftlichen Tätigkeit ernsthaft behindere. So sei sie z. B. noch nie dazu gekommen, tanzen zu lernen. Schließlich wurde ihr Mann nachgiebiger.*
*Frau Meier hatte jetzt die Möglichkeit, ihr gesellschaftliches Leben zu erweitern. Sie belegte einen Tanzkurs, mußte aber feststellen, daß sie große Angst vor dem Tanzparkett hatte. Aus diesem Grund gab sie ihr Vorhaben wieder auf.*

*Neben weiteren ähnlichen Erfahrungen brachte diese Erfahrung einige wesentliche Aspekte der Struktur dieser Ehe ans Tageslicht. Aus der großen Zahl ihrer Verehrer hatte Frau Meier einen tyrannischen Mann zum Gatten gewählt. Sie war nun in der Lage, sich darüber zu beklagen, daß sie alle möglichen Dinge nicht tun könne. Wie sich jedoch gezeigt hat, leistete ihr der Mann – ganz im Gegesatz zu den von ihr erhobenen Klagen – in Wirklichkeit einen guten Dienst, indem er ihr verbot, etwas zu tun, wovor sie sich im Grunde ihres Herzens fürchtete. Er bewahrte sie sogar davor, sich ihrer Furcht bewußt zu werden. Zweifellos war das mit ein Grund dafür gewesen, daß sie unbewußt einen solchen Mann zum Gatten gewählt hatte. Der Gatte versteckt seinerseits hinter seiner tyrannischen Art folgenden Grundsatz: „Du mußt immer da sein, wenn ich heimkomme. Ich habe schreckliche Angst davor, verlassen zu werden."*

*„Du siehst, ich gebe mein Bestes."*

*Ein Mann erfährt, daß er ein Magengeschwür hat, aber er hält diese Tatsache vor seiner Frau und seinen Freunden verborgen. Er setzt seine Arbeit mit unvermindertem Eifer fort und bricht eines Tages an seinem Arbeitsplatz zusammen. Als seine Frau diese Nachricht erhält, versteht sie, was der Mann ihr indirekt damit sagen will: „Du siehst, ich habe wirklich mein Äußerstes gegeben!" Man erwartet nun von ihr, daß sie ihrem Mann eine größere Wertschätzung entgegenbringen soll als je zuvor und daß sie sich all der weniger erfreulichen Dinge schämen soll, die sie vorher gesagt und getan hat. Allerdings sind jetzt ihre Zuneigung und Besorgnis weniger durch Liebe als vielmehr durch Schuldgefühle motiviert. Im tiefsten Inneren grollt sie ihm wahrscheinlich, weil er in unfairer Weise Druck auf sie ausübt. Mit anderen Worten: Mit einem Diamant-Armband kann man einer Frau seine Zuneigung weit besser und aufrichtiger zeigen als mit einem durchlöcherten Magen. Sie hat dann immer noch die Möglichkeit, dem Mann den kostbaren Schmuck an den Kopf zu werfen – aber sie kann ihn nicht wegen eines Magenge-*

***Lieber Leser: Schenken Sie Ihrer Partnerin lieber ein schönes Schmuckstück!***

*schwürs verlassen, ohne sich dabei moralisch ins Unrecht zu setzen. Die plötzliche Konfrontation mit der schweren Krankheit ist für sie eine Falle.*

Die Erfahrung zeigt, daß es daher zweckmäßig ist, die Bedeutung des Spiels zu ergründen, statt nach Schuldigen zu suchen.

Wenn Sie die Spiele, die Sie öfter spielen, unter diesem Gesichtspunkt betrachten, werden Sie sehr schnell auf Teile Ihrer Prägung stoßen – und Ihren Partner nicht mehr bekämpfen, sondern bewußt von ihm lernen.

***Wie es scheint, läßt sich so manche Partnerschaft wie folgt charakterisieren: Eine für beide unbefriedigende Partnerschaft wird durch sich ergänzende Symptome aufrechterhalten.***

***Welcher Gedanke beschäftigt Sie gerade, welche Aussage klingt in Ihnen nach?***

## 4. BEWUSSTERES KOMMUNIZIEREN

Wir verdanken vor allem Paul Watzlawick grundlegende Erkenntnisse über unser Kommunizieren. In einem seiner wichtigsten Bücher mit dem Titel „Menschliche Kommunikation" hat er auf die vielfältigen Formen, Störungen und Paradoxien hingewiesen, über die wir in unserem Beziehungsalltag immer wieder stolpern.

***Mit unser Persönlichkeit und dem Kommunizieren ist es wie mit der Sprache: etwas zu können und etwas darüber zu wissen sind zwei Paar Schuhe.***

Zunächst ein Vergleich mit der Sprache: Wir wissen sehr viel über die Regelmäßigkeit, Wahrscheinlichkeit, den Satzbau und die Bedeutung der Zeichen unserer Muttersprache; aber diese Kenntnis ist weitgehend unbewußt. Niemand, außer vielleicht ein Sprachwissenschaftler, kann auf Anhieb die Wahrscheinlichkeit des Auftretens oder die Rangordnung von Buchstaben oder Wörtern angeben; wir alle aber können einen Druckfehler entdecken und korrigieren, ein fehlendes Wort ersetzen oder einen Stotterer zu Verzweiflung treiben, indem wir seine Sätze für ihn zu Ende sprechen. Eine Sprache zu sprechen und etwas über diese Sprache zu wissen sind zwei unterschiedliche Arten von Wissen. So ist es durchaus möglich, daß jemand seine Muttersprache fehlerfrei und fließend beherrscht, ohne irgendetwas über ihre Grammatik und ihren Satzbau, d. h. über die Regeln zu wissen, die er beim Sprechen dennoch richtig anwendet.

Auch in zwischenmenschlichen Fragen verfügen wir über ein umfangreiches Wissen, das es uns ermöglicht, Verhalten zu verstehen, zu beeinflussen und vorauszusehen. Wir sind sogar besonders empfindlich gegen jede Ungereimtheit: Verhalten, das gefühlsmäßig nicht stimmt, stört und irritiert uns. Dabei sind wir uns nur sehr weniger Regeln bewußt, die in normaler Kommunikation befolgt, in gestörter Kommunikation dagegen gebrochen werden. Wir sind in Verhalten und Beziehungen „eingesponnen" und doch – oder gerade deshalb – ziemlich unfähig, über Kommunikation zu kommunizieren, d. h. darüber zu reden, wie wir miteinander reden.

Was Beziehungsprobleme außerdem schwer lösbar macht, ist die Tatsache, daß sie nicht konkrete Größen, nicht in demselben Sinn real sind wie Objekte gemeinsamer Wahrnehmung, z. B. ein Sonnenuntergang oder die Einrichtung des Wohnzimmers. Mit diesen Dingen kann man sich sprachlich auseinandersetzen, sie sind sozusagen etwas „dort draußen", auf das man hinweisen kann. In Beziehungen dagegen sind wir selbst enthalten.

Bewußteres Kommunizieren bedeutet, weniger Mißverständnisse zu produzieren bzw. einmal entstandene Schwierigkeiten schneller zu klären. Vier Hinweise helfen dabei besonders:

## 4.1 WIE PASST DIE FORM ZUM INHALT DER KOMMUNIKATION?

***Das Unterscheiden von Form und Inhalt***

Anhand eines Beispieles läßt sich sehr schön zeigen, daß unsere Kommunikation immer auf zwei Ebenen abläuft – und welche Komplikationen daraus entstehen können:

*Der Freund kommt*

*Ein Ehepaar berichtet während eines Seminars über folgenden Vorfall: Als der Mann am Vortag alleine daheim war, erhielt er den Anruf eines guten Freundes, der ihm mitteilte, demnächst geschäftlich in jener Gegend zu tun zu haben. Der Ehemann bot ihm sofort das Gästezimmer in seinem Haus an, so wie er und seine Frau es schon früher bei ähnlichen Gelegenheiten getan hatten.*
*Als seine Frau jedoch bei ihrer Rückkehr von dieser Einladung erfuhr, kam es zu einem heftigen Ehestreit.*
*Es zeigte sich, daß die beiden über die Selbstverständlichkeit der Einladung des Freundes völlig einig waren*

*und daß daher auch die Frau nicht anders gehandelt hätte, wenn sie zur Zeit des Anrufs daheim gewesen wäre. Die beiden waren überrascht, festzustellen, gleichzeitig dieselbe Meinung zu vertreten und eine grundlegende Meinungsverschiedenheit über denselben Sachverhalt zu haben.*

Wie kann so etwas passieren? Watzlawick (Menschliche Kommunikation, S. 55 ff. und S. 75 ff.) hat als einen sehr wichtigen Aspekte der menschlichen Kommunikation die „Zweigleisigkeit" von Inhalts- und Beziehungsebene hervorgehoben:

Jede Mitteilung enthält zwei Teile: erstens, die Information (den Inhaltsaspekt), gleichgültig, ob diese Information wahr oder falsch, gültig oder ungültig ist; zweitens, den Hinweis darauf, wie wir die Information vom jeweils anderen verstanden haben möchten (den Beziehungsaspekt, der beschreibt, wie wir die Beziehung zwischen uns und dem Gesprächspartner sehen bzw. wie wir zu ihm stehen).

In Wirklichkeit handelt es sich bei obigem Beispiel daher um zwei ganz verschiedene Sachverhalte. Der eine betrifft die Einladung als solche – darüber können die Eheleute reden. Der andere dagegen betrifft ihre Beziehung – nämlich die Frage, ob einer von ihnen das Recht hat, eine Initiative ohne vorheriges Befragen des anderen zu ergreifen (selbst dann, wenn die Reaktion des anderen auf Grund früherer Erfahrung vorauszusehen ist). Darüber können sich die Partner nicht so leicht sprachlich einigen, da dies die Fähigkeit voraussetzen würde, über die Beziehung zu sprechen. In ihrem Versuch, den Konflikt beizulegen, begehen die beiden einen typischen Fehler: Obwohl ihre Unstimmigkeit auf der Ebene der Beziehung liegt, versuchen sie, die Lösung auf der Inhaltsebene zu erreichen, wo jedoch keine Unstimmigkeit herrscht.

Ein weiteres Beispiel:

*„Wie schmeckt dir die Suppe?"*

*Eine Frau fragt ihren Mann: „Diese Suppe ist nach einem ganz neuen Rezept gekocht – schmeckt sie dir?" Wenn sie ihm schmeckt, kann er ohne weiteres mit „Ja" antworten, und die Frau wird sich freuen. Schmeckt sie ihm aber nicht und ist es ihm gleichgültig, ob er sie enttäuscht, wird er verneinen. Problematisch ist aber die viel häufigere Situation, daß er die Suppe scheußlich findet, seine Frau aber nicht kränken will. Inhaltlich (in bezug auf den Gegenstand „Suppe") müßte seine Antwort „Nein" lauten.*

*Auf der Beziehungsseite müßte er „ja" sagen, denn er will sie ja nicht verletzen. Was sagt er also? Seine Antwort kann nicht „Ja" und „Nein" sein, denn das Wort „Jein" gibt es in der deutschen Sprache nur als Witz. Er wird also versuchen, sich irgendwie aus der Zwickmühle zu winden, indem er zum Beispiel sagt: „Schmeckt interessant", in der Hoffnung, daß seine Frau ihn richtig versteht.*

Die in diesem Fall angemessene Ausdrucksweise – die Inhalts- und Beziehungsebene bewußt zu trennen – könnte folgendermaßen lauten (würde in unseren Ohren aber eher merkwürdig klingen): „Die Suppe schmeckt mir nicht, aber ich bin dir herzlich dankbar für die Mühe, die du dir damit gemacht hast."

***Man kann oft nur darüber staunen, welche großen Unstimmigkeiten und Streitereien in bezug auf viele Einzelheiten gemeinsamer Erlebnisse zwischen zwei Partnern herrschen.***

Weil wir immer gleichzeitig auf der Inhalts- und Beziehungsebene kommunizieren, können sich folgende Konflikte ergeben:

- In dem am schwierigsten zu lösenden Fall sind sich die Partner sowohl auf der Inhalts- als auch auf der Beziehungsebene uneinig.
- Die Partner sind sich auf der Inhaltsstufe uneinig, doch

diese Meinungsverschiedenheit beeinträchtigt ihre Beziehung nicht. Die Partner sind sich sozusagen einig, uneinig zu sein.

- Die Partner sind sich auf der Inhaltsstufe einig, auf der Beziehungsstufe dagegen nicht.

Dies bedeutet vor allem, daß bei Wegfallen des Einverständnisses auf der Inhaltsstufe die Tragfähigkeit der Beziehung ernsthaft gefährdet ist. Bekanntlich zerbrechen viele Ehen gerade dann, wenn äußere Schwierigkeiten überwunden sind (die Kinder sind ausgezogen, das gemeinsame Projekt „Hausbau" ist beendet usw.), die bisher die Eheleute zur Zusammenarbeit veranlaßt hatten. Dasselbe Phänomen läßt sich auch auf gesellschaftlicher Ebene beobachten, wenn Staaten mit verschiedenen Ideologien nach dem Ende einer gemeinsamen Gefahr zu Feinden werden (wie es z. B. bei USA und UdSSR nach dem Sieg im Zweiten Weltkrieg der Fall war).

***„Wenn du mich liebtest, würdest du mir nicht widersprechen"***

- Die Partner vermischen Inhalts- und Beziehungsebene. Dabei kann sowohl der Versuch gemacht werden, ein Beziehungsproblem über einen Inhalt zu lösen, als auch umgekehrt auf eine sachliche Meinungsverschiedenheit mit dem Vorwurf „Wenn du mich liebtest, würdest du mir nicht widersprechen" zu reagieren.

## 4.2 Stimmen die verbale und die nonverbale Kommunikation überein?

Eine weitere Quelle für viele Mißverständnisse beruht darauf, daß wir gleichzeitig sprachlich und nicht-sprachlich kommunizieren. Nonverbale Kommunikation hat ihre Wurzeln in sehr frühen Entwicklungsperioden und ist daher weitaus allgemeiner gültig als die viel jüngere und abstraktere Kommunikationsweise, die Sprache. Allerdings wären die meisten, wenn nicht sogar alle menschlichen Errungenschaften ohne die Entwicklung der Sprache undenkbar. Dies gilt ganz besonders für das Übermitteln von Wissen.

Wenn es um die Beziehung geht, ist die Sprache hingegen nahezu bedeutungslos: z. B. zum Ausdrücken von Liebe, Sympathie, Feindschaft oder Sorge; und vor allem im Umgang mit kleinen Kindern. Es ist nämlich leicht, etwas mit Worten zu beteuern, aber schwer, eine Unaufrichtigkeit nonverbal glaubhaft zu machen.
Eine Geste, eine Miene, die Stimme, ein Blick sagen mehr darüber aus, wie ein anderer über uns denkt, als es hundert Worte vermögen (vgl. Watzlawick, Menschliche Kommunikation, S. 61 ff.).

***Kindern, Narren und Tieren wird von alters her ein besonderes „Gespür" für die Aufrichtigkeit oder Falschheit menschlicher Haltungen zugeschrieben.***

Allerdings ist die Körpersprache mehrdeutig: Es gibt Tränen des Schmerzes und Tränen der Freude, die geballte Faust kann Drohung oder Selbstbeherrschung bedeuten, ein Lächeln vermag Sympathie oder Verachtung auszudrücken, und Zurückhaltung kann Takt oder Gleichgültigkeit anzeigen. Was bedeutet es, wenn jemand während eines Verhörs erbleicht und zu zittern, schwitzen und stottern beginnt? Dieses Verhalten kann sowohl den endgültigen Beweis seiner Schuld liefern als auch die durchaus begreifliche Reaktion eines Unschuldigen sein, der sich plötzlich eines Verbrechens verdächtigt sieht und ahnt, daß seine Angst als Schuldbeweis ausgelegt werden könnte.
Diese Unterscheidungen werden vom Kommunikationspartner mehr oder weniger gefühlsmäßig getroffen. In der Sprache sind sie dagegen direkt enthalten. Andererseits fällt uns nichts leichter, als sprachlich die Wahrheit zu verbergen oder schlicht das Gegenteil von dem zu sagen, was wir denken, fühlen oder empfinden.

Die Quelle für zahlreiche Mißverständnisse liegt darin, daß
- Nonverbales (meist) ehrlich, aber mehrdeutig,
- Sprache (meist) eindeutig, aber nicht immer ehrlich ist.

Eine Nachricht heißt stimmig, wenn das Gesprochene und das Ausgedrückte einander entsprechen. So paßt ein wütender Blick und eine laute Stimme zu dem Satz: „Ich will dich nicht mehr sehen, du Schuft!" Häufig werden wir aber mit widersprüchlichen Botschaften, bei denen die sprachlichen und nicht-sprachlichen Signale nicht zueinander passen, konfrontiert.

***Stimmige und widersprüchliche Nachrichten***

Ein Beispiel: Die Antwort auf die Frage „Wie geht es dir?" ist der Satz „Es geht mir gut", der jedoch von einem weinerlichen Gesichtsausdruck begleitet wird. Der sprachliche Teil der Nachricht scheint zu sagen: „Kümmere dich nicht weiter um mich!", der nichtsprachliche Teil dagegen wirkt wir ein Hilferuf und legt den Appell nahe: „Kümmere dich um mich!" Der Gesprächspartner findet sich so in einer schwierigen Situation wieder. Wie immer er reagiert, der andere kann ihm einen Strick daraus drehen. Kümmert er sich um ihn, bekommt er eine Abfuhr („Ich habe doch deutlich gesagt, es ist alles o. k., Herrgott noch mal!"); kümmert er sich nicht um ihn, spielt der andere den Beleidigten und „bestraft" ihn auf diese Weise.

Was veranlaßt jemanden, derartige Verwirrung zu produzieren? Widersprüchliche Nachrichten haben den Vorteil, daß man sich nicht festlegt. Notfalls kann man dementieren und sagen, so habe man das nicht gemeint.
Solch eine Kommunikation mit „doppeltem Boden" ist uns selten bewußt – oft sind es die unbewußten, uneingestandenen Wünsche, die wir nicht-sprachlich ausdrücken. Wir haben „zwei Seelen in unserer Brust": einerseits möchten wir dieses, andererseits aber auch jenes. Wenn wir uns selbst unklar sind und uns innerlich im Widerspruch befinden, werden wir dies auch nach außen hin zeigen.

## 4.3 WER IST SCHULD AN DER BEZIEHUNGSKISTE?

Ein Beispiel:
Ein Ehemann hat den begründeten oder irrtümlichen Eindruck – für unsere Überlegungen ist das von untergeordneter Bedeutung –, daß es seiner Frau peinlich ist, mit ihm in der Öffentlichkeit gesehen zu werden. Ein Zwischenfall liefert ihm einen weiteren „Beweis“ für die Richtigkeit seines Verdachts. Auf dem Weg zum Theater folgte ihm seine Frau stets in einem Abstand von ein paar Schritten. „Gleichgültig, wie langsam ich auch ging, du bliebst immer einige Schritte hinter mir“, warf er ihr vor. „Das ist nicht wahr“, empörte sie sich, „wie sehr ich mich auch beeilte, es warst du derjenige, der absichtlich immer mehrere Schritte Abstand hielt!“

Dem unvoreingenommenen Beobachter eines Gesprächs erscheinen diese Situationen als eine Folge von Mitteilungen (vgl. Watzlawick, Menschliche Kommunikation, S. 57 ff. und S. 92 ff.). Die Beteiligten sehen darin jedoch eine „logische Abfolge“: Ich sage jetzt dies, weil mein Partner jenes gesagt hat – und umgekehrt. Ein oft zu beobachtendes Eheproblem besteht z. B. darin, daß sich der Mann passiv-zurückgezogen verhält und seine Frau nörgelt. Im gemeinsamen Gespräch beschreibt der Mann seine Haltung als einzig mögliche Reaktion auf ihr Nörgeln. Diese Darstellung ist für sie eine krasse und absichtliche Entstellung dessen, was in ihrer Ehe „wirklich“ vorgeht: der einzige Grund für ihre Kritik sei seine Zurückgezogenheit. Im wesentlichen sind ihre Streitereien ein monotones Hin und Her gegenseitiger Vorwürfe und Verteidigungen: „Ich meide dich, weil du nörgelst“, und „Ich nörgle, weil du mich meidest“.

*Die Frage „Wer ist schuld?“ eignet sich hervorragend zum abendlichen Zeitvertreib.*

Das Ergebnis ist eine Ja-nein-ja-nein-ja-nein-Folge, die theoretisch unbegrenzt andauern kann, praktisch aber fast unweigerlich zu den typischen gegenseitigen Vorwürfen führt. Beide Seiten denken oder sagen – aus ihrer Sicht zu Recht: „Ich bin unschuldig, du bist schuld! Ich habe ja nur ... weil du vorher ... gesagt/getan hast."

## 4.4 Wie wirkt die paradoxe Kommunikation?

***Wie man sich die Erfüllung eines Wunsches selbst verbaut***

Sowohl Paul Watzlawick (Menschliche Kommunikation, S. 178 ff. und Wie wirklich ist die Wirklichkeit, S. 25 ff.) als auch Schulz von Thun heben die Häufigkeit der paradoxen Kommunikation hervor – und weisen auf ihre Folgen hin. Zwei Beispiele dazu:

*Eine Ehefrau legt ihrem Mann nahe, ihr doch gelegentlich Blumen mitzubringen. Da sie sich vermutlich seit langem nach diesem kleinen Liebesbeweis gesehnt hat, ist ihr Wunsch durchaus verständlich.*
*Weniger offensichtlich dagegen ist die Tatsache, daß sie sich damit nun die Erfüllung ihrer Sehnsucht endgültig verbaut hat: Wenn er nämlich ihren Wunsch ignoriert, wird sie sich noch weniger geliebt fühlen; kommt er ihm aber nach, so wird sie dennoch unzufrieden sein, denn dann bringt er ihr die Blumen ja nicht aus Liebe und aus eigenem Wunsch, sondern nur, weil sie danach verlangt hat.*

*Ein 14jähriger Bub, dessen Eltern das Wochenende auswärts verbringen wollten, hatte sich vorgenommen, den Garten umzugraben, um seinem heimkehrenden Vater eine freudige Überraschung zu bereiten.*
*Beim Abschied sagte der Vater: „... und solltest du ganz große Langeweile haben, dann kannst du vielleicht ein-*

*mal den Garten umgraben." Darauf reagierte der Bub mit einem inneren Aufschrei der Enttäuschung – alles war verdorben. Er konnte den Garten nun nicht umgraben, da sein Vorhaben durch die Aufforderung entwertet war.*

Von all den Knoten und Fallen, die sich in die menschliche Kommunikation einbauen lassen, ist die sogenannte „Sei spontan!"- Falle sicherlich die am weitesten verbreitete. Diese Art von Aufforderung versetzt den Empfänger in die unhaltbare Situation, spontan verlangten Gehorsam zu zeigen, also im Grunde nicht spontan zu sein. Auf Befehl etwas spontan zu tun ist ebenso unmöglich wie etwas vorsätzlich zu vergessen oder absichtlich tiefer zu schlafen. Entweder man handelt spontan, also aus freiem Ermessen, oder man befolgt eine Anweisung und handelt daher nicht spontan. Beides gleichzeitig geht nicht! Was kann man da tun? Es gibt keinen Ausweg! Man nimmt an, daß entweder man selbst oder aber „die Welt" daran schuld ist. Da man in der Auseinandersetzung mit der Welt aber meist den kürzeren zieht, ist man praktisch gezwungen, die Schuld bei sich selbst zu suchen.
In solchen zwischenmenschlichen Zwickmühlen sind alle Partner gleichermaßen gefangen, wenn auch die Schuld daran erfahrungsgemäß jeweils dem einen oder dem anderen zugeschrieben wird.

***Man kann von jemandem verlangen, die Kohlen aus dem Keller zu holen – man kann von ihm jedoch nicht verlangen, daß er es gern tut.***

Leider ist bei Paradoxien eine Diagnose leichter als eine Therapie. Der Teufel der Paradoxie ist am besten mit dem Beelzebuben der Gegenparadoxie auszutreiben. Geschichtliche Beweise dafür ließen sich in Fülle zusammentragen, sie erscheinen jedoch „unvernünftig", „zufällig" oder „unwissenschaftlich". Und doch sind sie es, die eine theoretisch vernünftige, praktisch aber unhaltbare Lage nicht nur retten, sondern sogar zum bestmöglichen Erfolg führen können. Kaiserin Maria Theresia löste dieses Problem durch die Einführung des nach ihr benannten Ordens:

Der Maria-Theresien-Orden blieb bis zum Ende des Ersten Weltkriegs die höchste militärische Tapferkeitsauszeichnung.
Mit erfrischender Absurdität war er jenen Offizieren vorbehalten, die aus eigener Entscheidung und unter Mißachtung erhaltener Befehle den Verlauf einer Schlacht zum Sieg lenkten. Ging ihre Eigenmächtigkeit aber schief, so blühte ihnen selbstverständlich ein Kriegsgerichtsverfahren wegen Ungehorsams. Dieser Orden ist damit das erfrischende Beispiel einer offiziellen Gegenparadoxie.

PS: Beachten wir, wie heute in den Unternehmen mit Managern und Mitarbeitern verfahren wird:
„Maria Theresia, schau herab!"

***Begriffe wie Spontanität, Vertrauen, Folgerichtigkeit, Beweisbarkeit, Gerechtigkeit, Normalität, Macht und viele andere münden bei genauem Durchdenken in Paradoxien.***

***Welcher Gedanke
beschäftigt Sie gerade,
welche Aussage
klingt in Ihnen nach?***

## 5. Gibt es auch eine einfache Lösung für Beziehungsschwierigkeiten?

**Den Partner öfter fragen, statt davon ausgehen, daß man natürlich weiß, was er meint, denkt oder will.**

*Der verlorene Brief*

*A schreibt B einen Brief, in dem er ein gemeinsames Unternehmen vorschlägt und B zur Teilnahme einlädt. B sagt zu, doch sein Brief geht bei der Zustellung verloren. Nach einiger Zeit des Wartens kommt A zu dem Schluß, daß B seine Einladung ignoriert, und beschließt, B nun seinerseits zu ignorieren. B dagegen fühlt sich gekränkt, daß A seine Zusage ignoriert, und beschließt, mit A keine Verbindung mehr aufzunehmen. Von diesem Punkt an wird ihr stillschweigender Zwist so lange andauern, bis sie nachforschen, was aus ihren beiden Briefen geworden ist, d. h. bis sie über ihre Mitteilungen zu metakommunizieren beginnen.*
*Nur so werden sie feststellen können, daß A nichts von Bs Antwort wußte, während B nicht wußte, daß seine Antwort A nicht erreicht hatte.*

Nicht alle Beziehungsstörungen sind Tiefenstörungen, die auf die Kindheit zurückgehen!

Es sind meist akute unausgesprochene Stimmungen und Verstimmungen, die Störungen in Beziehungen aufkommen lassen. „Wenn du mir das nur vorher schon gesagt hättest", ist wohl häufig die erstaunte und entspannende Bemerkung, die Lücken schließt. Die Anzahl an kleinen Verstimmungen, die aus irgendeinem Grund nicht gesagt werden und die zu Schützengräben und Sprengsätzen werden, ist unglaublich groß. (Vgl. Cohn, S. 184)

Statt Gedanken zu lesen, zu vermuten und zu interpretieren ist es sehr oft hilfreich, sich an ein altes Sprichwort zu erinnern: „Durch´s Reden kommen die Leut´zusammen".

## 6. ZUSAMMENFASSUNG

Eine zentrale Beziehungs-Frage lautet: „Wieso habe ich mir gerade diesen Partner ausgesucht?".

Das Erkennen der Beziehungsspiele bietet die Chance, sowohl die Partnerschaft als auch sich selbst weiterzuentwickeln.

Zahlreiche Unstimmigkeiten lassen sich dadurch erkennen und auflösen, daß wir uns grundlegende Kommunikationsregeln bewußt machen:

● Jede menschliche Kommunikation läuft immer gleichzeitig auf zwei Ebenen: ich teile einerseits einen Inhalt und andererseits das mit, was ich vom Gesprächspartner halte, bzw. wie ich meine Beziehung zu ihm sehe.

● Immer wieder führen widersprüchliche Botschaften zu Mißverständnissen: die verbale Nachricht unterscheidet sich von der stimmlich-körpersprachlich mitgeteilten Nachricht.

● Die Wer-ist-schuld-Frage ist wieder ein Beispiel für unser subjektives Verständnis der Wirklichkeit: die Sichtweisen beider Gesprächspartner sind berechtigt, niemand ist „schuld".

● „Bitte diesen Satz nicht lesen!" Mit paradoxen Handlungsaufforderungen kann man sich und anderen besonders leicht das Leben schwer machen. Von der einfachen Enttäuschung bis zum Wahnsinn reicht die Palette des „Erfolgs", der mit Paradoxien erreichbar ist.

Last but not least hilft es, sich immer wieder in Erinnerung zu rufen, daß zahlreiche Unstimmigkeiten bloß ausgesprochen werden müßten!

***Wieviel Zeit nehmen Sie sich durchschnittlich pro Tag für den Kontakt mit Ihrem Partner?***

## 7. ZEHN + 1 FRAGE

(Es gibt keine „falsche“ oder „richtige“, keine „gute“ oder „schlechte“ Antwort! Bedenken Sie bitte nur: Sie können jeden Menschen auf der Welt anlügen – gefährlich wird es nur, wenn Sie sich selbst anlügen.)

1. Wieweit besteht in Ihrer Partnerschaft Übereinstimmung in den folgenden Aspekten: Freizeitgestaltung, Kindererziehung, Sexualität, Finanzen, Hobby?

2. Wenn Sie auf einer Skala zwischen 1 (sehr) und 10 (gar nicht) die Zufriedenheit mit Ihrer Partnerschaft einstufen – welche Zahl würden Sie nennen?

3. Wie glauben Sie, würde Ihr Partner diese Frage beantworten?

4. Wie lösen Sie das Problem, wenn Sie die Kochkünste Ihres Partners unbefriedigend finden?

5. Gibt es in Ihrer Beziehung typische Konflikte? Wenn ja, über welche Themen? – Und wie enden diese Konflikte meistens?

6. Haben Sie Ihren Partner gewählt, weil er Ihnen sehr ähnlich oder weil er ganz anders ist?

7. Wieweit entsprechen Verhaltensweisen Ihres Partners denen eines Ihrer Elternteile? – Und mit welchen Folgen?

8. Würden Sie heute, mit Ihren jetzigen Erfahrungen, nochmals eine Beziehung mit Ihrem Partner eingehen?

9. Was schätzen Sie an Ihrem Partner am meisten? – Und wann haben Sie ihm dies zuletzt gesagt?

10. Was schätzt Ihr Partner an Ihnen am meisten? – Und wann hat er Ihnen dies zuletzt mitgeteilt?

**DIE ZUSAMMENFASSENDE „TÜV-PICKERL-FRAGE“:**

Wenn Sie die verschiedenen Facetten Ihres Bezogen-Seins Revue passieren lassen – wie sehr sind Sie mit Ihrem heutigen Bewußtseinsstand auf dieser Ebene zufrieden?

(wenig) 1 2 3 4 5 6 7 8 9 10 (sehr)

# 5. Die gesellschaftliche Ebene:

## Die Gesellschaft – ein Fixpunkt, der veränderbar ist

1. Zum Einstimmen
2. Wie prägt uns die Gesellschaft?
3. Wieso musste sich unser Verhalten ändern?
4. Wieweit können uns Gesetze Orientierung geben?
5. Wie könnte sich unsere Gesellschaft weiterentwickeln?
6. Zusammenfassung
7. Zehn + 1 Frage

## 1. Zum Einstimmen

Der Begriff „Gesellschaft" klingt so fremd, so abstrakt, als hätte er nichts mit unserer Persönlichkeit zu tun. Die Auswirkungen des gesellschaftlichen Rahmens auf unsere Person sind jedoch so intensiv, daß wir sie meist für „natürlich" halten – wie zum Beispiel das Atmen oder das Essen. Dem ist aber nicht so: gesellschaftliche Regeln und Normen haben sich immer verändert und werden sich immer verändern. Wenn wir uns diesen Umstand bewußter machen, werden wir ein größeres Interesse am Mitgestalten und Mitentwickeln des gesellschaftlichen Zusammenlebens entwickeln. Ob es um den Straßenverkehr, die Sendungen im Fernsehen, die Werbung, das Schulwesen, die Arbeitswelt, die Steuergesetzgebung und Steuergeldverwendung geht: alle diese Aspekte beeinflussen uns täglich und können von uns beeinflußt werden. So ist es etwa nicht „natürlich", daß in den letzten Jahren praktisch in allen Industrienationen die Reichen immer reicher und die Armen immer ärmer werden.

***Wir sind Teil unserer Gesellschaft und beeinflussen sie auch.***

Konsumenten kaufen im billigereren Ausland ein und beweinen die Arbeitslosigkeit im Inland. Industriekonzerne lassen im Fernen Osten zu niedereren Lohnkosten produzieren und jammern über den Absatzrückgang in Europa – als könnte man mit dem Arbeitslosengeld die vielen schönen Dinge aus den Auslagen kaufen. Auch die Arbeitslosigkeit ist nicht „natürlich", sie ist von Menschen so gewollt. Die Ausrede auf „das System" ist eine Scheinbegründung, weil auch das Wirtschaftssystem nicht „natürlich" so ist. Es wurde und wird von Menschen gestaltet.

Wir leben also in einem gesellschaftlichen Rahmen, dessen Teil wir sind. Der gesellschaftliche Rahmen bestimmt auch die Bandbreiten unseres persönlichen Seins im engeren Sinn: die durchschnittliche Körpergröße und -form sowie typische Krankheiten, was „man" fühlen darf, wie „man" sein Fühlen ausdrücken darf: *„Die Bewertung des Gefühls-Lebens überhaupt und die Art der erwünschten oder zulässigen Gefühle sind in hohem Grade auch von den Grundsätzen verschiedener Zeiten, Kulturen und Gesellschaftsschichten abhängig."* (Brockhaus, S. 209) Oder die Fragen, wie „man" Kinder aufzuziehen, wie „man" Partnerschaften zu führen – oder zu beenden hat.

***Ohne unsere gesellschaftliche Ebene miteinzubeziehen bleibt das bewußtere Leben eine „Psycho-Nabelschau"!***

Ich halte das Miteinbeziehen unseres gesellschaftlichen Hintergrundes vor allem deshalb für sehr wichtig, weil ich immer wieder erlebe, daß die gesellschaftliche mit der persönlichen Ebene verwechselt wird. Aufgrund dieser Verwirrung wird – allerdings erfolglos – versucht, persönliche Schwierigkeiten gesellschaftlich zu lösen (wie dies zum Beispiel Terroristen tun, wie manche Eltern die Verantwortung für wichtige Erziehungsfragen an die Schule abschieben wollen) – und umgekehrt (vereinzelter individueller Konsumverzicht oder der Rückzug auf eine einsame, sonnige Insel bzw. zum Heurigen lösen keine gesellschaftlichen Fragen). Das Analysieren unserer Probleme wird noch schwieriger, wenn beide Ebenen gleichzeitig zum Tragen kommen (dies kann zum Beispiel beim Verlust des Arbeitsplatzes der Fall sein).

Viele Schwierigkeiten, denen wir begegnen, haben gesellschaftliche Wurzeln und sind keine Individualprobleme. Nach dem Motto „Geteiltes Leid ist halbes Leid" ist es entlastend zu erkennen, daß vieles, was wir für persönliche Unzulänglichkeit halten, seine Wurzeln in der heutigen Gesellschaft hat. Andererseits wird die Gesellschaft gerne als Ausrede für persönliche Schwierigkeiten benutzt.

Gesellschaftliche Schwierigkeiten lassen sich nicht auf der persönlichen Ebene lösen und umgekehrt. Halten wir diese Ebenen daher auseinander, analysieren wir, welche Fragen sich durch gesellschaftliche, welche sich durch persönliche Entwicklung lösen lassen, und lösen wir so die Schwierigkeiten auf der passenden Ebene.

## 2. Wie prägt uns die Gesellschaft?

Werfen wir mit Norbert Elias einen Blick auf die Entwicklung der westlichen Zivilisation seit dem Mittelalter.

Im Mittelalter ging man seinen Impulsen unmittelbar nach und berechnete sie nicht erst auf längere Sicht – selbst dann, wenn dies zum eigenen Untergang führte. Der im Kampf gewonnene Ruhm war die Voraussetzung für Erfolg und Prestige.

Am absolutistischen Hof begann dann die körperliche Gewalt zwischen den Menschen zurückzutreten.
Der gesellschaftlich-gesellige Verkehr war nicht mehr dadurch gefährlich, daß Mahl, Tanz und lärmende Freude rasch und häufig in Wut, Prügelei und Mord umschlugen.
Da es nun verboten war, sich zu duellieren, übte der Mensch auf den Menschen Zwang und Gewalt in anderer Form aus. Die Konkurrenz um das gesellschaftliche Ansehen und die Gunst des Königs war stark. An die Stelle des Degens traten die Intrigen – Kämpfe, bei denen mit Worten um Karriere und sozialen Erfolg gerungen wurde.
Sie verlangten andere Eigenschaften als die Kämpfe, die mit der Waffe ausgefochten wurden. Überlegung, berechnendes Verhalten auf längere Sicht, Selbstbeherrschung und Kenntnis der Menschen wurden zu unerläßlichen Voraussetzungen des sozialen Erfolges. Der Mensch verbarg seine „Passionen", er „verleugnete sein Herz", er „handelte gegen sein Gefühl". Die augenblickliche Lust oder Neigung wurde zurückgehalten, man beherrschte sein Selbst.

***Ich finde es faszinierend, sich diese Entwicklung bewußt zu machen: viel „Natürliches", „Ehernes" wird bloß zu einer Stufe einer Entwicklung, die lange vor uns begonnen hat und noch lange nach uns weitergehen wird.***

Dies führt uns zum Stichwort „Selbstbeherrschung". Darunter versteht man „*die Fähigkeit, Bereitschaft und Haltung des Individuums, die Äußerung eigener Triebe, Gefühle und Begierden zugunsten der Beachtung oder Erfüllung innerer oder äußerer Zwecke – wie ethische Normen, soziale Forderungen – zurückzustellen oder einzuschränken. ... eine Zurückstellung momentaner zu-*

*gunsten langfristiger oder übergeordneter Interessen. Der Selbstbeherrschung, im Sinne des Maßhaltens eine Tugend, wird eine hohe Bedeutung für die Bildung der Persönlichkeit und für das „gute Leben" beigemessen.*" (Brockhaus, S. 87) – Eine „teure" Tugend! So nämlich entstehen die Depressionen, die nichts anderes als das erlernte und dann unbewußte Unterdrücken unserer Gefühle und Impulse sind, die ausgedrückt und ausgelebt werden wollen.

***Welchen Stellenwert hat Selbstbeherrschung für Sie?***

Im Verhältnis zur Abnahme der äußeren Bedrohungen verstärken sich im Laufe der Zeit die inneren Ängste.
Ein Teil der Spannungen, die früher unmittelbar im Kampf zwischen den Menschen ausgetragen wurden, wird zur inneren Spannung. Der gesellschaftliche Kontakt wird dadurch zu einer Gefahrenzone, daß der Einzelne sich selbst nicht genug zurückhält, die eigene Schamgrenze oder die Peinlichkeitsschwelle anderer Personen berührt.

Zwei Beispiele charakterisieren dieses Steigen der Peinlichkeits- und Schamgrenzen:

*Das Essen von Fleisch*

*In der Oberschicht der mittelalterlichen Gesellschaft kommen sehr oft das tote Tier bzw. größere Teile des Tieres auf den Tisch; nicht nur ganze Fische oder Vögel, zum Teil mit ihren Federn, sondern auch ganze Hasen, Lämmer, Kalbsviertel und am Spieß gebratene Schweine und Ochsen erscheinen auf der Tafel. Das Tier wird auf dem Tisch zerlegt. Immer wieder findet man daher in den „Manierenbüchern" bis ins 17. Jahrhundert Hinweise, wie wichtig es für einen wohlerzogenen Menschen sei, Tiere gut zerlegen zu können. Im Mittelalter wird der Anblick der erschlagenen Tiere auf der Tafel und deren Zerlegen als lustvoll empfunden. Ganz allmählich hört im 17. Jahrhundert das Zerlegen des Tieres bei der Tafel auf, und heute würde es bei vielen Menschen ein ziem-*

*lich unbehagliches Gefühl erwecken, wenn andere oder sie selbst bei Tisch halbe Kälber und Schweine zerlegen oder von einem mit Federn geschmückten Fasan das Fleisch abschneiden müßten. Schließlich will man die Erinnerung daran, daß das Fleischgericht etwas mit einem getöteten Tier zu tun hat, möglichst vermeiden; es wäre peinlich.*

### *Wandlungen in der Einstellung zu den natürlichen Bedürfnissen*

**Peinlich, peinlich ...**

*„Erzähle mir", sagt in einem Schulbuch von 1568 der Lehrer zu einem der Schüler, „in genauer Reihenfolge, was du vom Aufstehen bis zum Frühstück gemacht hast." „Ich bin aufgewacht, bin aus dem Bett gestiegen, habe Hemd, Strümpfe und Schuhe angezogen, meinen Gürtel umgeschnallt, an der Hofmauer Urin gelassen, habe aus dem Eimer frisches Wasser genommen, Hände und Gesicht gewaschen und am Tuch abgetrocknet ..."*

Im Mittelalter sind diese vom Schüler beschriebenen Verrichtungen und ihr Anblick nur mit geringen Scham- und Peinlichkeitsgefühlen belegt. Sie sind zunächst so selbstverständlich, wie wenn jemand beschreibt, sich zu kämmen oder Schuhe anzuziehen. In späteren Zeiten wäre die Verrichtung im Hof, zumindest in einem Buch wie diesem, das ausgesprochen als Unterrichts- und Erziehungsbuch gedacht ist, einfach als „unwichtig" weggelassen worden. Hier ist sie so selbstverständlich wie alles andere. (Vgl. Elias, Bd. 1, S. 65 ff.; Bd. 2, S. 312 ff.)

Damit entstand auch die Schwierigkeit, Kinder aufzuklären. Elias (vgl. Bd. 1, S. 245 ff.) zitiert aus einem Erziehungsbuch des 19. Jahrhunderts:

*Manche Mütter sind der in meinen Augen grundverkehrten Ansicht, man müsse Töchter in alle Verhältnisse der Familie, selbst in die Beziehungen der Geschlechter zueinander, hineinblicken lassen und sie gewissermaßen in Dinge einweihen, die ihnen einmal bevorstehen. Dies ist verwerflich.*

*Man berühre alle diese Dinge überhaupt nicht in Gegenwart der Kinder, am wenigsten auf eine geheimnisvolle Art, welche geeignet ist, die Neugier zu reizen. Lasse man die Kinder, so lange es immer geht, bei dem Glauben, ein Engel bringe der Mutter die kleinen Kinder; was viel besser ist, als die an anderen Orten gewöhnliche Sage vom Klapperstorch. Fragen später die Mädchen, wie es denn eigentlich mit den kleinen Kindern zugehe, so sage man: „Der liebe Gott gibt der Mutter das kleine Kind. Wie Gott die Kinder gibt, das brauchst du nicht zu wissen und könntest es auch nicht verstehen. Es wäre gar nicht gut für dich, wenn du so etwas wüßtest, du mußt vermeiden, davon sprechen zu hören.“ Ein recht sittsam erzogenes Mädchen wird von da an eine Scheu empfinden, von Dingen der Art reden zu hören.*

***Der „Aufklärungs-Tip“: „Wie Gott die Kinder gibt, das brauchst du nicht zu wissen und könntest es auch nicht verstehen.“***

Das Erziehungsbuch erklärt nicht, wie und wann dem Mädchen nun erklärt werden soll, was in ihm selbst vorgeht und vorgehen wird. Man spürt die Ratlosigkeit des Erziehers, mit den Scham- und Peinlichkeitsgefühlen umzugehen. Der einzige Rat, den er der Mutter zu geben weiß, ist, möglichst an alle diese Dinge nicht zu rühren.

Was die sexuelle Aufklärung, die eines Tages ja doch nötig wird, auch heute noch so schwierig macht, ist die Tatsache, daß die „schmutzigen“ Worte nicht in Frage kommen und die medizinischen Begriffe vielen Menschen zu ungewohnt sind. Daher versuchen sich viele Eltern aus diesem Dilemma zu stehlen, indem sie diese und andere Erziehungsfragen gerne der Schule überantworten wollen.

*Wie ändert sich die Begründung für das geforderte Verhalten?*

Früher wurde das Verhalten fast immer in Beziehung zu anderen Menschen beurteilt. Unerwünschtes wurde untersagt, weil es anderen lästig und peinlich hätte sein können oder weil es einen Mangel an Respekt bedeutet hätte. Im Laufe der Geschichte hat sich dies geändert: Bestimmte Verhaltensweisen werden nun an sich verboten. Die gesellschaftlich unerwünschten Gefühlsäußerungen werden für den Menschen mit Peinlichkeit, Angst, Scham- oder Schuldgefühlen belegt, auch für den Fall, daß er alleine ist. Das gesellschaftlich erwünschte Verhalten soll zum Automatismus, zum Selbstzwang werden. Selbst eine Begründung auszusprechen ist peinlich geworden.

***Auch die Begründungen für das gesellschaftlich geforderte Verhalten ändern sich.***

Je mehr den Erwachsenen ihre Peinlichkeit und ihre Scham als natürlich und das Dämpfen ihres Fühlens als selbstverständlich erscheint, desto unverständlicher wird ihnen das Verhalten ihrer Kinder.

Zwangsläufig rühren Kinder immer wieder an die Peinlichkeitsschwelle der Erwachsenen. Jedes Durchbrechen der Verbote bedeutet Gefahr. Der eigentümliche Unterton, der sich so oft mit moralischen Forderungen verbindet, die aggressive und bedrohliche Strenge, mit der die moralische Forderung häufig vertreten wird, entspringen der Angst um das labile Gleichgewicht des eigenen, mühsam unterdrückten Trieblebens.

Daher gründen sich zahlreichen Konflikte zwischen Erwachsenen und Kindern auf das Vorrücken der Schamgrenze, auf die wachsenden Distanz zwischen natürlichem Verhalten und gesellschaftlich Erlaubtem bzw. Gefordertem.

## 3. WIESO MUSSTE SICH UNSER VERHALTEN ÄNDERN?

Wir sehen, daß die Entwicklung der Zivilisation im Verändern des menschlichen Verhaltens und Empfindens in eine ganz bestimmte Richtung geht. Fremdzwänge verwandeln sich in Selbstzwänge, menschliche Verrichtungen werden hinter die Kulisse des gesellschaftlichen Lebens verdrängt und mit Schamgefühlen belegt. Das gesamte Trieb- und Gefühlsleben wird durch unsere Selbstkontrolle immer gleichmäßiger und stabiler.

***Vom lebendigen Individualisten zum stumpfen Einheitswesen?***

Aber offensichtlich haben nicht einzelne Menschen diese Veränderungen geplant und allmählich ganz bewußt und rational durch entsprechende Maßnahmen verwirklicht; die Entwicklung vollzieht sich vielmehr ungeplant – aber nicht ohne Ordnung.

Von den frühesten Zeiten der abendländischen Geschichte bis zur Gegenwart teilen sich die gesellschaftlichen Aufgaben unter einem starken Konkurrenzdruck mehr und mehr unter den Menschen auf. Die Folgen sind geschichtlich einzigartige Phänomene wie der hohe Grad der Arbeitsteilung, Staaten hoher Stabilität und weltweite Abhängigkeit und Konkurrenz. Dies wird uns nur selten, dann aber meist störend bewußt, z. B. wenn Fernfahrerstreiks im entfernten Spanien die Produktion verschiedener Industriezweige in Deutschland oder Österreich beeinträchtigen oder lahmlegen.

Weiterreichende Geld- oder Handelsverflechtungen haben sich früher fast nur entlang von Wasserwegen, also vor allem an Flußläufen und Meeren, entwickelt. Die weiten Binnengebiete des Hinterlandes blieben dabei mehr oder weniger auf die Naturalwirtschaft beschränkt, also relativ unverflochten und selbständig. Von der mittelalterlichen Gesellschaft ausgehend hat sich dann ein immer dichter werdendes Abhängigkeitsgeflecht entwickelt. Je mehr sich Aufgaben und Funktionen aufteilen, desto größer wird die Zahl der Einzelaufgaben der Menschen. Das Verhalten von immer mehr Menschen muß aufeinander abgestimmt werden, das Zusammenspiel der Tätigkeiten immer genauer und straffer organisiert sein, damit das Handeln des Einzelnen auf das Handeln anderer Personen abgestimmt ist. Das Unterordnen der augenblicklichen Neigungen des Einzelnen gegenüber den Notwendigkeiten der weitreichenden Zusammenhänge ist gefordert; sein Verhalten muß verläßlich, berechenbar sein.

Daher regt sich in uns immer wieder der Widerstand gegen unsere tief verwurzelten Selbstzwänge, und wir müssen mit uns kämpfen, damit wir angepaßt funktionieren.

***Die Selbstzwänge in Form unserer Glaubenssätze sind hartnäckiger als die Fremdbestimmung.***

***Welcher Gedanke beschäftigt Sie gerade, welche Aussage klingt in Ihnen nach?***

## 4. Wieweit können uns Gesetze Orientierung geben?

Gehen wir von den Auswirkungen der gesellschaftlichen Entwicklung auf die Persönlichkeit zur aktuellen Situation über.

***Ein Zuviel an Schutz führt zur Unselbstständigkeit des Beschützten.***

Wir erleben Krisen, Arbeitslosigkeit, Unsicherheit, Ratlosigkeit darüber, was die Zukunft des Sozialstaates betrifft, brauchen aber ein bestimmtes Maß an Halt, Stabilität und Orientierung, um uns sicher und wohl zu fühlen. Wo finden wir diese Dinge, wenn uns Gott und Gentechnologie nur zweifelhafte Antworten liefern? Offensichtlich versucht der Gesetzgeber hier einzuspringen, wobei es sich meiner Meinung nach aber um ein zweischneidiges Schwert handelt. Zum Vergleich: Wie ist es bei unseren Babys? Wir sterilisieren Schnuller und Fläschchen, um unsere Kinder vor Keimen und Viren zu schützen. Die so geschützten Babys können ihr Immunsystem nicht angemessen entwickeln und sind später – wir leben nicht in einer keimfreien Welt – umso anfälliger für die verschiedensten Krankheiten. Genau dieselbe Wirkung hat der – sicher gutgemeinte – Schutzversuch des Gesetzgebers:

● Erstens kann eine von außen kommende Sicherheit die innere nicht nachhaltig ersetzen. Sie kann nur eine kurzfristige Hilfestellung sein. Längerfristig macht sie uns unmündig (und bequem) und verhindert Selbstständigkeit und Eigenverantwortung. Rührige Konsumentenschützer haben in Österreich beispielsweise ein gesetzliches Verbot der Kettenbriefe und Gewinnspiele erreicht – obwohl ohnehin seit Jahren in den Medien davor gewarnt wird.
Manche Menschen hören aufgrund des Versprechens, ohne Risiko zwanzig, dreißig Prozent (und mehr) Verzinsung pro Jahr zu erhalten, vor lauter Gier zu denken auf. Täten sie

dies nicht, würden sie ihren „Anlageberater" schnellstens hinauswerfen! Es wäre ihnen klar, daß jede Bank, jede andere namhafte Institution sich zum aktuellen Anleihezinssatz Geld beschaffen kann und daß darüberhinaus jeder Prozentpunkt an Verzinsung nichts anderes bedeuten kann, als ein entsprechend höheres Risiko einzugehen.

Erwachsen zu werden bedeutet einfach auch „Lehrgeld zu zahlen". Was für das Kind die schmerzliche Erfahrung mit einer heißen Herdplatte ist, kann für den Erwachsenen der Verlust von (Schwarz-)Geld sein.

*Persönliche Fragen lassen sich nicht gesetzlich regeln.*

● Zweitens entsteht durch diesen Schutz- oder vielmehr Bevormundungsversuch eine riesige unüberschaubare Gesetzesflut, die teilweise nicht mehr administrierbar ist. Bezeichnenderweise ist die Ankündigung von Beamten „Dienst nach Vorschrift zu machen" eine Drohung. Und warum ist die „menschliche" Lösung eines Problems eine „unbürokratische"? Bedeutet dies, daß die Bürokratie unmenschlich ist?

● Drittens verstoßen wir durch die Tatsache, daß es so viele Regeln, Vorschriften und Verordnungen gibt, automatisch mehr oder weniger wissentlich täglich gegen irgendwelche Gesetze. Wir lernen und üben täglich, daß es etwas ganz Selbstverständliches ist, Gesetze zu mißachten – weil es oft gar nicht anders geht: Hochrangige Polizeibeamte versichern beispielsweise, daß der gesamte Wiener Straßenverkehr zusammenbrechen würde, wenn sich alle Autofahrer genau an die Regeln hielten.

1996 hat die Idee einer österreichischen Ministerin, Männer gesetzlich zur Hausarbeit zu verpflichten (Stichwort: „Halbe – Halbe"), eher Heiterkeit als Zustimmung ausgelöst. Auch wenn die Grundidee noch so angemessen ist, im Bereich der Persönlichkeit, der Qualität einer Beziehung muß eine gesetzliche Regelung versagen.

Ein befriedigendes Sexualleben läßt sich nicht gesetzlich verordnen, niemand kann durch ein Gesetz dazu angehalten werden, seinem Partner aufmerksam und liebevoll zu begegnen. Diese Verhaltensweisen unterliegen der persönlichen Einschätzung und dem persönlichen Erleben.

***Wieder ein Beispiel für die zahlreichen Gratwanderungen unseres Seins: das ständige Abwägen zwischen einem Zuviel und einem Zuwenig.***

Ich bin der Ansicht, daß wir vor existenziellen Gefahren geschützt werden sollen. Die Lösung liegt nicht im Manchester-Liberalismus oder darin, daß sich jeder Bürger mit einer Pistole bewaffnen muß. Die Lösung liegt meiner Meinung nach beim „reifen, mündigen, eigenverantwortlichen Bürger", von dem die Politiker in ihren Sonntagsreden sprechen. Aber schon die Unzahl geltender Regeln – angefangen vom Schulsystem bis zur Gewerbeordnung – verhindert, daß sich genau diese Art von Menschen entwickeln kann. Peters und Waterman nennen in ihrem Buch „Auf der Suche nach Spitzenleistungen" als ein wesentliches Kriterium erfolgreicher Unternehmen, daß dort nur wenige grundsätzliche Regeln festgelegt sind, auf deren Einhaltung allerdings beinhart geachtet wird. Diese Unternehmen gehen von der Tatsache aus, daß über neunzig Prozent der Mitarbeiter ehrlich bereit sind, ihre Leistung zu bringen. Die überwiegende Mehrheit soll nicht durch Regeln und Vorschriften geknebelt werden, die die wenigen Unredlichen abschrecken sollen – und es meist ohnehin nicht tun. Dieses Kriterium läßt sich analog auf den Staat anwenden.

Den Zustand eines „mündigen, eigenverantwortlichen Bürgers" erreichen wir nur über entsprechende Bildung und Bewußtseinsentwicklung. (Die „Gefahr" dabei ist jedoch, daß der selbständige Mensch sich wahrscheinlich in Politik und Arbeit nicht mehr mit Befehlen und Anordnungen wird abspeisen lassen.)

## 5. WIE KÖNNTE SICH UNSERE GESELLSCHAFT WEITERENTWICKELN?

*Schöne neue Umwelt*

*Wir schreiben das Jahr 2020: Sirenen heulen, und elektronische Signaltafeln blinken rot. Dramatischer Ozon- und Smogalarm in den Megastädten unterbricht die tägliche Routine der Bürger. Koordiniert und ruhig begeben sich die Menschen zu den an den Straßenrändern angebrachten Sauerstofftanks. Den sonst kostenpflichtigen Sauerstoff-Kick gibt es bei Alarm gratis (gratis ist allerdings nur die geruchsneutrale, zum Überleben notwendige Sauerstoffzufuhr – die mit Föhren- und Orangenduft angereicherten Varianten werden über die Chipkarte verrechnet).*

*Dieses futuristisch anmutende Szenario ist für manche europäischen Hauptstädte nicht mehr so weit entfernt. Für die Einwohner von Tokio, Mexiko oder Prag ist es schon fast zur Realität geworden. Heute gibt es 500 Millionen PKWs, 2030 werden es 2,3 Milliarden sein. Fünfeinhalb Milliarden Menschen bevölkern die Erde; täglich kommen etwa 280.000 hinzu. Im Jahr 2020 sollen es gar an die acht Milliarden sein. Die Konsumansprüche lassen sich vielleicht zurückschrauben – die Chance des vorausschauenden Verzichts wird deshalb ein Trend der Zukunft sein.*

*Ökonomen und Politiker ahnen noch zuwenig wie knapp die verbliebene Zeit für eine Gegensteuerung ist; manche Naturwissenschafter bedenken in zu geringem Maße, daß die Prinzipien einer demokratisch orientierten, sozialen Marktwirtschaft dennoch gewahrt bleiben müssen.* (Vgl. Der Standard, 28.3.1997, S. 16)

***Ich weiß nicht, wie es Ihnen geht. Mich beschleicht in Umweltbelangen manchmal das Gefühl, daß es ohnehin schon zu spät ist.***

***Andererseits ermutigen mich die Nachrichten, daß vielerorts das Umweltbewußtsein steigt.***

Es scheint uns nicht mehr allzuviel Zeit für eine Trendumkehr zur Verfügung zu stehen. Ich glaube, daß wir einige unserer Verhaltensweisen bald ändern müssen. Gleichzeitig können wir auch andere Aspekte unseres Lebens in eine Richtung hin ändern, die ein bewußteres Leben unterstützt. Dazu einige Ideen:

***Nur das Wissen über systemisches Denken, exponentielles Wachstum usw. bietet uns die Chance, die aktuellen Herausforderungen zu lösen – und nicht einfache Patentrezepte, wie uns diverse Oppositionspolitiker – und manchmal auch die Regierung – gerne glauben machen wollen.***

❑ Zur Bildung

Wieso haben die Politiker, die immer wieder den Erfolg der Demagogen, der polemisch agierenden (Oppositions-) Politiker beklagen, nicht schon längst dafür gesorgt, daß Schüler denken lernen, anstatt Faktenwissen anzuhäufen. Statt mit dem Dritten Punischen Krieg, den Flüssen Lateinamerikas, Vergil usw. sollte sich jeder Schüler z. B. mit dem Buch „Unsere Welt – ein vernetztes System" auseinandersetzen.

❑ Zur Bewußtseinsentwicklung

Ein sehr interessanter Vorstoß in diese Richtung ist die Idee, Lehrer durch ihre Schüler beurteilen zu lassen. Es ist bekannt, daß in einigen Unternehmen die Vorgesetzten durch ihre Mitarbeiter beurteilt werden. Dies schon in der Schule zu lernen und zu üben, wäre ein wichtiger Schritt zum sogenannten autonomen Bürger. Die Kinder erleben dadurch, daß Autoritäten hinterfragt werden dürfen und daß ihre Beurteilungen auch Konsequenzen für die Beurteilten hat. Diese Erfahrung wird sich auf die Beziehung zu ihren Eltern, später zu ihren Vorgesetzten und zu den sie vertretenden Politikern auswirken.

❑ Zur Form des Arbeitens

Ricardo Semler schildert in seinem Buch „Das SEMCO-SYSTEM" sehr anschaulich, daß auch eine andere Form des Miteinander-Arbeitens nicht nur möglich, sondern auch besonders erfolgreich sein kann – und zwar für alle Beteiligten. Mitarbeiter bestimmen weitgehend ihre Tätigkeit und Arbeitszeit, beurteilen ihre Vorgesetzten, wechseln ihren Arbeitsplatz im Unternehmen gerne des öfteren und sind am Ertrag des Unternehmens beteiligt.

❑ Arbeitsplätze schaffen um jeden Preis?

Ich kann mich noch erinnern wie wir in unserer jugendlichen Überheblichkeit über die „dummen Eingeborenen" gelächelt haben. In der höheren technischen Lehranstalt (HTL) hat uns ein Professor von den Problemen in einem südamerikanischen Volkswagenwerk erzählt: Die Betriebsleitung verzweifelte, weil die Arbeiter nach der Lohnauszahlung jeweils mehrere Wochen zu Hause geblieben waren. Sie hatten nun wieder für längere Zeit genug Geld, um ihre Bedürfnisse zu finanzieren, weshalb sie keine Notwendigkeit sahen, ihre Arbeit fortzusetzen. Die Arbeiter erschienen erst wieder im Unternehmen, als das verdiente Geld aufgebraucht war. Sie mußten erst langsam an die Notwendigkeiten der Produktionsabläufe gewöhnt werden.

*Ich hoffe, daß das Prinzip, Arbeit um jeden Preis schaffen zu wollen, bald der Vergangenheit angehören wird.*

Immer mehr Arbeitsplätze schaffen zu wollen bedeutet in einer Zeit, in der bereits Roboter Roboter produzieren, doch nur, daß noch mehr ressourcen- und energieverschlingende Ersatzbefriedigungsprodukte hergestellt werden müssen. Warum nicht stattdessen flexible Lebensarbeitszeitmodelle entwickeln? Ein Beispiel dafür ist das für die Wiener Beamten bereits mögliche „Sabatical": Innerhalb von fünf Jahren kann ein Beamter ein Jahr Urlaub nehmen. In diesen fünf Jahren bezieht er achtzig Prozent seines ursprünglichen Gehalts.

❑ Frauen in Führungspositionen

Einerseits werden nur wenige Unternehmen jemanden für eine Führungsposition vorsehen, wenn die Wahrscheinlichkeit groß ist, daß diese Person durch die Geburt eines Kindes für längere Zeit ausfällt.

Andererseits stimmen praktisch alle Entwicklungspsychologen darin überein, daß die Kindergartenreife, d. h. das soziale Alter eines Kindes, etwa mit dem dritten Geburtstag beginnt. Bis dahin ist es angemessen, das Kind in der Familie zu betreuen.

Schlußfolgerung: Will die Gesellschaft, daß Frauen in höhere Führungspositionen aufsteigen und die Kinder gleichzeitig entwicklungsgerecht aufwachsen können, gibt es eine logische Lösung: einen dreijährigen Karenzurlaub, von dem die erste Hälfte von der Mutter, die zweite vom Vater genommen werden muß. Damit wird das Ziel der Gleichbehandlung erreicht – und jeder Personalchef weiß, daß auch der begnadetste Jungmanager potentiell für eineinhalb Jahre ausfallen kann.

***Zusätzlich wird erreicht, und dies halte ich nach meiner Erfahrung für genauso wichtig, daß die Väter zu ihren Kindern eine viel intensivere Beziehung aufbauen können, als dies jetzt möglich ist.***

❑ Ehe

Auch zur Ehe habe ich einen ähnlich radikalen Vorschlag. Er trägt der Tatsache Rechnung, daß sich die Partner im Laufe der Zeit entwickeln – aber nicht immer parallel zueinander. Ich schlage vor, daß jede Ehe nur mehr für drei Jahre geschlossen werden kann – danach endet sie automatisch, kann aber durch eine erneute Heirat verlängert werden. Dies bietet den Partnern die Chance, zumindest alle drei Jahre über ihre Beziehung nachzudenken. Damit soll aber kein umgekehrter Zwang entstehen: Wenn beide Partner dies wollen, können sie ihre Ehe solange verlängern, bis daß „der Tod sie scheidet“.

Ich will nicht sozialutopisch werden, ich will nur aufzeigen, daß wir auch für unsere Lebens-, Produktions- und Konsumgewohnheiten neue Glaubenssätze entwickeln können und entwickeln werden – neue Konzepte, die zunächst meist als utopisch, unrealistisch, nicht machbar abgelehnt worden waren.

## 6. ZUSAMMENFASSUNG

Es ist üblich, die gesellschaftlichen Regeln im wesentlichen als etwas Rationales, etwas allein durch vernünftige Überlegungen Begründetes zu erklären. Offensichtlich ist dem nicht so. Ihre Scham- und Peinlichkeitsgrenzen sowie viele andere Glaubenssätze und Verhaltensweisen sind nicht „natürlich". Es kann uns entlasten, zu erkennen, daß daraus entstehende Konflikte in der Struktur der zivilisierten Gesellschaft selbst begründet sind – und nicht in einzelnen Personen oder Familien.

***Gesellschaftliche Regeln sind eben nicht rational!***

Die Möglichkeit, Angst zu fühlen oder Lust zu empfinden, ist Teil unserer Natur; aber die Stärke, die Art und Form der Ängste hängen vom aktuellen Aufbau der Gesellschaft ab und wandeln sich mit dieser. Dies ist einer der unentbehrlichen Schlüssel zu all jenen Problemen, die uns Verhaltensregeln, Gebote und Tabus aufgeben.

Je bewußter wir die Veränderungen wahrnehmen, umso weniger sind wir Ihnen ausgeliefert, umso gezielter können wir durch gemeinsames politisches Verhandeln und Handeln unsere gesellschaftliche Entwicklung in eine Richtung lenken, die sowohl für den einzelnen Menschen als auch für die Gesellschaft und die Erhaltung unserer natürlichen Lebensgrundlagen förderlich ist.

***Verändern wir gemeinsam die gesellschaftlichen Regeln.***

Wir sind sowohl für uns selbst als auch dafür verantwortlich, unseren Beitrag zur gesellschaftlichen Entwicklung zu leisten.

## 7. Zehn + 1 Frage

(Es gibt keine „falsche“ oder „richtige“, keine „gute“ oder „schlechte“ Antwort! Bedenken Sie bitte nur: Sie können jeden Menschen auf der Welt anlügen – gefährlich wird es nur, wenn Sie sich selbst anlügen.)

1. Wieweit engagieren Sie sich für politische Fragen? – Halten Sie es vielleicht mit dem Glaubenssatz „Es hat ohnehin keinen Sinn“?

2. Was sind in Ihren Augen typische Ungerechtigkeiten auf gesellschaftlicher Ebene?

3. Welche gesellschaftlichen Regeln sollten in Ihren Augen geändert werden?

4. Wieviel Engagement wollen Sie dafür einsetzen?

5. Wie haben Sie das Aufklären Ihres Kindes erlebt?

6. Was bewirkt dieses „Funktionieren-Müssen“ bei Ihnen?

7. Wie wirkt sich Ihre Arbeit auf die Partnerschaft aus?

8. Was bedeutet es für Sie, Teil der Gesellschaft zu sein?

9. Wie leben Sie das Spannungsfeld zwischen den gesellschaftlichen und Ihren Einzelinteressen?

10. Von welcher Bezugsperson stammen Ihre Glaubenssätze über „Gesellschaft“?

## Die zusammenfassende „TÜV-Pickerl-Frage“:

Wenn Sie die verschiedenen Facetten Ihres gesellschaftlichen Seins Revue passieren lassen – wie sehr sind Sie mit Ihrem heutigen Bewußtseinsstand auf dieser Ebene zufrieden?

(wenig) 1 2 3 4 5 6 7 8 9 10 (sehr)

# Zum Schluss - ein Anfang?

## Zum Schluss

Wenn Sie die Frage „Wieweit durchschaue ich mich in diesem Bereich?“ für jede der fünf Ebenen beantwortet haben, können Sie Ihre Ergebnisse (von S. 59, S. 92, S. 123, S. 147 und S. 167) in die Grafik eintragen.

Sie erhalten damit ein zusammenfassendes Bild dafür, wie gut Sie sich kennen, wie bewußt Sie leben – eben Ihr persönliches „TÜV-Pickerl“. Es ist eine Momentaufnahme, die sich alleine durch das Betrachten und Wirken schon wieder verändert hat.

## Ein Anfang

Drei Anregungen sollen Sie darin bestärken und unterstützen, Ihr Leben noch bewußter zu genießen:

### 1. Sie entscheiden sich

Sie entscheiden sich, ob Sie sich z. B. folgende Fragen regelmäßig stellen – oder nach dem Motto „Egal wohin, Hauptsache, ich bin schneller dort!“ leben:

* Wie atme ich?
* Was würde mir gerade jetzt Freude bereiten?
* Wer oder was „regt mich auf“ oder „macht mich traurig“?
* Wo bin ich mit meiner Aufmerksamkeit, während ich Auto fahre, Zähne putze, fernsehe, esse, Sport betreibe, mich sonne oder spazierengehe?
* Welche Phantasien, Träume und Tagträume geistern durch meinen Kopf?
* Wie hat sich meine Partnerschaft in den letzten Monaten oder Jahren verändert?
* Wie würde ich das Verhältnis zu meinem Kind beschreiben?
* Wie erlebe ich mich an meinem Arbeitsplatz?
* Wieweit nehme ich meine Verantwortung als Teil der Gesellschaft wahr und engagiere mich politisch – sei es für die Errichtung einer Wohnstraße, die Gleichbehandlung der Frauen oder die Erhaltung unserer natürlichen Lebensgrundlagen?

Wenn Sie sich diese Fragen regelmäßig stellen, erkennen Sie frühzeitig, daß etwas aus dem Lot ist und können leichter und schneller daraus lernen.

## 2. Ein Anfang – wo?

Wir sind eine Einheit aus Körper, Gefühlen, Gedanken, Teil von Beziehungen und der Gesellschaft. Da diese Aspekte untrennbar zusammenwirken, wirkt sich ein bewußteres Wahrnehmen eines Aspektes unterstützend auf alle anderen aus.

***Lassen Sie sich ruhig von der Weisheit Ihres Unbewußten leiten.***

Die folgende Übung (nach Cohn, S. 224 f.) kann Sie dabei unterstützen, sich auf das jeweils Wesentliche zu konzentrieren:

*„Was ist jetzt für mich das Wesentliche?“*

*„Was ist jetzt für mich das Wesentliche?“* Sie bleiben auf diese Worte konzentriert und lassen andere Gedanken, Empfindungen und Wahrnehmungen vorbeiziehen.

*„Was ist jetzt das Wesentliche?“* …

Meist werden Sie zunächst Körperempfindungen und Ihren Atem wahrnehmen. Dies führt meist zu einem angenehmen Gefühl des Entspannt-Seins.

Die Worte „Was ist jetzt das Wesentliche?“ bleiben im Vordergrund, manchmal verschwinden sie beim Einschlafen, meistens münden sie in die Gewißheit dessen, was in jenem Augenblick wesentlich ist, z. B. ein Spaziergang, ein Gespräch, Arbeit oder auch nur einfach Ruhe.

Wann immer Sie sich auf das Wesentliche konzentrieren, erleben Sie zunächst eine klärende, sinnliche Bewußtheit; dann empfinden Sie Ruhe, Ausgeglichenheit und Empfänglichkeit. In dieser Stille erfahren Sie Wissen, Intuition.

Diese Antwort erlöst Sie aus dem Wirrwarr zu vieler Dinge und Anforderungen. Das Wesentliche erscheint als Klärung und ist manchmal vom plötzlichen Erlebnis eines Lichtscheins begleitet („Gedankliche Erleuchtung“, „Geistesblitz“). Diese Gedanken enthalten keine Zweifel mehr.

## 3. Ein Anfang – wann?

In vielen Zeitmanagement-Seminaren habe ich die Teilnehmer mit einer klassischen Erkenntnis überrascht:

Heute ist der erste Tag vom Rest Ihres Lebens!

und mit einer interessanten Frage fortgesetzt:

Was würden Sie heute tun, was würden Sie heute unterlassen, wenn Sie wüßten, daß Sie nur mehr einen Tag, eine Woche, ein Monat oder ein Jahr leben?

Nur Unsterbliche können warten. Für uns Sterbliche läuft die Zeit, Jahr für Jahr, Monat für Monat, Tag für Tag, Stunde für Stunde, Minute für Minute, Sekunde für Sekunde. Wieso dann mit guten Vorsätzen und deren Umsetzung bis Silvester warten?

Daher:

Ihr Leben leben.
Wenn nicht Sie, wer denn?
Wenn nicht jetzt, wann dann?

Anderson, Greg, Wellness, 22 Regeln zum Glücklichsein, Uebereuter (Wien) 1996

Bandler, Richard/Grinder, John, Struktur der Magie I, Junfermann (Paderborn) 1989

Berglas, Steven/Baumeister Roy, Selbst-Sabotage, Kabel (Hamburg) 1994

Berne, Eric, Spiele der Erwachsenen, Rowohlt TB (Hamburg) 1994

Bertelsmann Lexikon in 15 Bänden, Bertelsmann (Gütersloh) 1987

Brockhaus Enzyklopädie in 24 Bänden, 19. Aufl., Brockhau (Mannheim) 1992

Cameron-Bandler, Leslie, Die Intelligenz der Gefühle, Junfermann (Paderborn) 1990

Cohn, Ruth, Von der Psychoanalyse zur themenzentrierten Interaktion, Klett-Cotta (Stuttgart) 1983

Corazza, V. Daimler, R. u. a., Kursbuch Gesundheit, Kiepenhauer & Witsch (Köln) 1992

Dethlefsen, Thorwald/Dahlke, Rüdiger, Krankheit als Weg, Bertelsmann (München) 1988

Dilts, Robert, Die Veränderung von Glaubenssystemen, Junfermann (Paderborn) 1993

Elias, Norbert, Über den Prozeß der Zivilisation, 2 Bände, Suhrkamp (Frankfurt/Main) 1981

Gesundheitsbericht des BMS für Arbeit, Soziales und Gesundheit an den Nationalrat (Wien) 1997

Kopp, Sheldon B., Triffst Du Buddha unterwegs ..., Fischer TB 1983

Lexikon der Psychologie, Hrsg. Arnold W./ Eysenck, H. J./Meili, R., Herder (Freiburg/B.) 1980

Liedloff, Jean, Auf der Suche nach dem verlorenen Glück, Beck (München) 1995

de Mello, Anthony, Wer bringt das Pferd zum Fliegen?, Herder (Freiburg/Breisgau) 1989

de Mello, Anthony, Warum der Schäfer jedes Wetter liebt, Herder (Freiburg/Breisgau) 1988
Miller, Alice, Am Anfang war Erziehung, Suhrkamp (Frankfurt am Main) 1980
Overbeck, Gerd, Krankheit als Anpassung, Suhrkamp (Frankfurt am Main) 1984
Pechtl, Waldefried, Zwischen Organismus und Organisation, Veritas (Linz) 1989
Peters, Thomas/Waterman, Robert, Auf der Suche nach Spitzenleistungen, Moderne Industrie 1993
Reiter, Ludwig, in: Strotzka, Hans (Hrsg.), Psychotherapie, Urban & Schwarzenberg (München) 1978
Schulz von Thun, Friedmann, Miteinander reden: Störungen und Klärungen, Rowohlt (Reinbeck) 1985
Semler, Ricardo, Das Semco System, Heyne (München) 1993
Senger, G./Hoffmann W., Finden Sie Ihren PQ, Herbig (München) 1996
Sprenger, Reinhard, Mythos Motivation, Campus (Frankfurt/Main) 1992
Vester, Frederic, Unsere Welt — ein vernetztes System, dtv (Müchen) 1996
Watzlawick, Paul u. a., Menschliche Kommunikation, Huber (Bern) 1990
Watzlawick, Paul, Wie wirklich ist die Wirklichkeit?, Piper (München) 1983
Watzlawick, Paul, Anleitung zum Unglücklichsein, Piper (München) 1983

# Mag. Peter Zellermayer

**Aus- und Weiterbildung:**

HTL (Betriebstechnik), Wirtschaftsuniversität (Betriebswirtschaft), Universität Wien (Psychologie); Weiterbildung zum Verhaltenstrainer (Kommunikation, Rhetorik, Zeit-Management, Führen, kundenorientiertes Verhalten, Verkaufen), Organisationsentwickler und Lebens- und Sozialberater (Gestalttherapie, Biodynamik, NLP etc.); geprüfter Unternehmensberater

**Mag. Peter Zellermayer**

**Berufliche Schwerpunkte:**

Forschungsprojekt zum Entwickeln neuer, „psychologischer" Kursmaßnahmen für (Langzeit-)Arbeitslose, Unternehmensberater für Klein- und Mittelbetriebe, Trainer und Moderator in Großunternehmen.

**Mein Zugang zum Thema:**

Ich beschäftigte mich seit 1979 – persönlich (als Sohn, Partner und Vater) sowie beruflich (als Autor, Trainer, Unternehmens- sowie Lebens- und Sozialberater) – mit dem Entwickeln von Bewußtsein: meinem eigenen, dem meiner Seminarteilnehmer sowie dem von Organisationen.

**Falls Sie mir Ihr Feed-back zu diesem Buch mitteilen wollen, danke ich Ihnen vorweg dafür!**

Peter Zellermayer
c/o
IROS BEWUSSTSEINS NETZWERK® für PERSÖNLICHKEITSENTWICKLUNG

Wehlistraße 305; A-1023 Wien
Tel.: ++43 (0) 1 726 96 10 Fax: ++43 (0) 1 726 96 11
e-mail: iros1@netway.at

## Was ist das IROS BEWUSSTSEINS NETZWERK® für PERSÖNLICHKEITSENTWICKLUNG?

Es ist ein überparteilicher und unabhängiger Verein, der diejenigen Menschen, die ihre Persönlichkeit bewußt entwickeln wollen, auf verschiedenen Wegen (z. B. durch Bücher, Workshops, Bewußt-Seins-Impulse oder Diskussionsrunden) dabei unterstützt.

Unsere Botschaft ist keine inhaltliche (über das WAS Sie tun sollen) – à la „Werden Sie erfolgreicher, besser, glücklicher ...“ –, sie bezieht sich auf die Form (also das WIE Sie etwas tun).

*Unsere Botschaft lautet:*

Tun Sie das, was Sie ohnehin tun –
bloß ein Stückchen bewußter.
Und überprüfen Sie, ob Sie dabei
sich oder anderen schaden.
Damit entwickeln Sie Ihre Persönlichkeit effektiver.

*Wieso „IROS“?*

Diese vier Buchstaben bzw. dieses Wort sind einfach das Ergebnis der Namenssuche gewesen. Ursprünglich als Phantasiewort geboren, hörten wir viel später, daß es im Griechischen auch eine Bedeutung hat.

1,50